RÉPONSE

De SOULÈS et Autres

A DIGOIN,

LIQUIDATEUR ET ACTIONNAIRE DE LA SOCIÉTÉ
AGRICOLE DE LA BASSE-CAMARGUE.

RÉPONSE

De SOULÈS et Autres

A DIGOIN,

LIQUIDATEUR ET ACTIONNAIRE DE LA SOCIÉTÉ AGRICOLE DE LA BASSE-CAMARGUE.

La Société agricole de la Basse-Camargue, sous l'influence de son liquidateur (1) Digoin, nous inonde, nous désole, nous ruine, nous infecte et nous tue... Ces sinistres résultats, œuvre d'une spéculation particulière, sont respectueusement signalés par nous à l'autorité dont nous invoquons la protection. Nous avons poussé le cri de la détresse et appelé l'œil du pouvoir à vérifier la cause de nos intolérables souffrances pour les faire cesser. Rien de plus légitime et

(1) M. Digoin est tantôt représenté comme le liquidateur de la Société agricole, tantôt comme le mandataire du véritable liquidateur qui serait M. le comte d'Orcières. Quoi qu'il en puisse être, comme M. Digoin défend la liquidation, nous l'appellerons *liquidateur*. Nous observerons encore que, dans un acte extrà-judiciaire, du 14 juin dernier, il se donne le titre d'*administrateur de la terre du château Davignon* : ce ne serait donc plus une liquidation.

de plus sacré que l'exercice d'un tel droit ; rien de plus certain que les faits par nous avancés ; rien de plus solennel et de plus authentique que les documents par nous produits.

Le liquidateur en question est scandalisé de notre plainte ; sa fierté s'indigne de notre témérité. Dans un *factum*, qui porte la date du 26 juin 1860 , il laisse tomber sur nous ces foudroyantes paroles : comme maire des Saintes-Maries, je suis inattaquable ; comme liquidateur, je suis dans mon droit, taisez-vous ! Vous ne connaissez ni les lieux , ni les choses... M. Poulle vous a flétris en 1837 et , moi, en 1860... Vous et l'*avocat d'Arles* qui vous conseille , vous n'êtes que des libellistes qui ne valez pas l'honneur d'une réfutation... — Ainsi parle le liquidateur : ces quelques mots résument toute son élucubration.

Dans le travail du liquidateur, on distingue , sans peine, trois choses : le rugissement du lion , — le grognement de l'ours au regard torve et le cri de la hyène blessée... — Nous éviterons la griffe du premier ; nous nous moquons , dès à présent, de la patte du second ; quant à la troisième , nous suivrons la trace du sang qu'elle perd par ses narines saignantes, sans craindre ses nouvelles morsures...

En face de ces trois natures démuselées , qui inspirent et agitent à des degrés divers le liquidateur, nous serons calmes aujourd'hui comme nous l'avons été le 3 mai dernier. Le droit que nous défendons n'a besoin ni de parades grotesques, ni d'intimidations , ni de menaces de procès et d'incarcération, ni de gendarmes pour le soutenir. Il a moins besoin encore qu'on mendie

pour lui , par l'intermédiaire de gardes champêtres ,
des signatures de porte en porte pour consacrer sa
légitimité et sa puissance. Il se reproduira avec la
confiance et l'énergie que donne la force , avec l'indépendance et la dignité que donne la vérité.

Placés dans les conditions les plus malheureuses ;
étrangers à toutes les influences ; privés des secours
qu'on rencontre dans tous les degrés administratifs ;
privés de notre appui naturel et légal, — le maire de
la cité , — qui n'est pas notre ami, tout est contre
nous !... Malgré cette infériorité de position, nous sommes impatients d'aborder le liquidateur dans tous ses
retranchements, et nous espérons bien ne pas laisser
debout un seul de ses tristes moyens. Nous le suivrons
sur le terrain même qu'il s'est choisi. Il nous permettra seulement d'éviter ce qu'il y a de maladroit
et presque de grossier dans quelques-unes de ses em-
buscades.

I.

C'est un libelle !

D'après le liquidateur, notre premier mémoire est
un *libelle injurieux et diffamatoire*... Que répondre
à ce double pléonasme qui met en pièces Vaugelas ,
l'Académie et Duvivier? Comment se défendre contre
un mot dépouillé des faits qu'il veut rappeler? Comment deviner la pensée du liquidateur dans une abstraction bouffie d'épithètes qui ne l'éclairent pas ?
Comment. enfin, saisir corps à corps, un mystère ?...

Le langage du liquidateur ressemble beaucoup , en ceci , à celui des jésuites , qui ne sachant par quel côté attaquer l'auteur *des Provinciales* et voulant le pulvériser d'un seul mot, ne trouvèrent rien de mieux que de l'appeler *tison d'enfer !*

Que répondre donc au mot *libelle* pas plus qu'à *tison d'enfer?* Cette façon de juger les hommes et les choses est commode, mais elle ne prouve et n'efface rien. Ce laconisme accuse sans phrases, flétrit sans texte, exhale un dédain superbe, mais il laisse debout l'accusation qui le brûle, sans oser y toucher. *Libelle* n'est point un raisonnnement, n'est point une preuve déduite : c'est un rugissement et pas autre chose ; et un rugissement n'est ni une polémique, ni un jugement, ni un arrêt, de quelque hauteur qu'il soit poussé.

Qu'on ne s'y trompe pas : le liquidateur, embarrassé dans des actes, dans des faits qui le rivent à son œuvre propre, mis en face de cette œuvre et des moyens employés par lui pour la consommer, sa souplesse habituelle lui a fait défaut. Il a vainement tenté d'entamer l'acier fondu le 3 mai, et sa colère impuissante a poussé le cri de *libelle !!!* Donner à sa réponse une telle étiquette, c'est dire, avant tout : « Ne lisez pas, c'est un tissu de calomnies, d'injures, de diffamations ! Cela ne mérite que le mépris des gens honnêtes !... » On voit un peu trop la couleur du fil...

Rassuré par un tel moyen, le liquidateur change de ton et de costume pour parler de plus haut. Il espère que son langage officiel nous laissera désarmés... Il se trompe. Nous n'avons que faire de son éloquence administrative, dont nous nous préoccupons peu.

Si le liquidateur a deux natures, l'une inattaquable
et sacrée, respectons-la. Nous avons toujours donné
l'exemple de la soumission aux lois, et de l'obéissance
à l'autorité. Notre conduite en est une preuve nouvelle, puisque nous n'invoquons que l'application de
la loi, du droit et de la justice. Nous allons plus loin,
en formulant un désir qui est la plus haute expression
du sentiment moral, en réclamant, dans le chef de
l'autorité municipale, un homme dégagé de toutes les
passions, de tous les intérêts qui peuvent troubler son
importante mission.

Si le maire des Saintes-Maries est au dessus de
nous, si nous lui rendons tous les hommages qui lui
sont dus, il ne peut en être de même du liquidateur.
Ce dernier est un simple mortel comme nous ; il est,
malgré sa fortune, notre égal devant la loi ; il nous
appartient, pour le discuter dans ses faits et gestes,
comme le premier venu. Le liquidateur ne saurait
avoir le privilége de se cacher, pour nous nuire, sous
une enveloppe officielle, pour réapparaître radieux
après le tour joué. Cela ne serait ni légal, ni géné-
reux, ni digne. Le sens commun n'accepte pas cette
confusion de personnes. La fable nous apprend que
le loup chercha un jour à s'affubler de la peau de
l'agneau : c'était toujours un loup. — Le liquidateur
se revêt en vain d'une écharpe et d'un habit brodé,
c'est toujours pour nous le liquidateur. Qu'il le com-
prenne : il nous appartient. Il veut la lutte corps à
corps, il l'aura franche, loyale, à poitrines découver-
tes. C'est sur la targette de combat du LIQUIDATEUR,
de l'INTÉRESSÉ, de l'ACTIONNAIRE du Château que

nous frappons, et non sur le bouclier du maire. Qu'il descende bravement dans l'arène et qu'il y reçoive, à la face de tous, un solennel et premier défi de nous prouver que, dans notre Mémoire du 3 mai, il y ait un seul acte, un seul fait sérieux qui ait été altéré !

S'il en est ainsi, où est le *libelle ?*...

· Si le caractère brutal des faits a choqué le liquidateur, si la vérité qui en jaillit l'a profondément blessé, à qui la faute ?

II.

Nous ne connaissons pas les lieux.

Nous aurions été très-désireux que le liquidateur nous donnât, pour l'édification de tous, un plan des lieux, et nous fît connaître sur quel point principal nous nous étions trompés. Il s'est bien gardé de le faire, et probablement·pour cause. Nous avons dit des lieux tout ce qu'il était utile d'en rappeler pour le besoin de l'étang et du canal des Launes. Si nous avons été incomplets, c'est à notre préjudice, et nous ne sommes réellement pas fâchés que le liquidateur nous procure l'occasion d'y revenir. Nous avions pensé que la Camargue, dans sa zône inférieure comme dans toutes les autres, était si clairement décrite dans les cartes que nous possédons, et notamment dans celle si remarquable et si complète de M. l'architecte Véran, qu'il suffisait, notre Mémoire à la main, d'y jeter les yeux pour être saturé de lumière.

Puisqu'il en est autrement, et que le liquidateur a

une passion toute particulière pour le genre descrip-
tif, suivons-le dans ses caprices géographiques. La
commune des Saintes-Maries est, dit-il, divisée en
deux zônes distinctes, séparées l'une de l'autre par
l'ancien chemin connu sous le nom de *Lévadon*. Du
côté d'orient sont les étangs salés indiqués sous le
nom générique d'*Enfores*, et du côté d'occident les
étangs d'eaux douces, etc.; cette zône se nomme les
Endedans. La première de ces zônes ne renferme aucune habitation : sur la dernière sont tous les domaines de la commune, au nombre de 40, et elle est elle-
même subdivisée par le chemin de moyenne communication n° 9.— Les deux zônes présentent ensemble
une surface de 28,000 hectares. A l'extrémité de la
première portion de la deuxième zône se trouve l'étang
des *Launes*, qui est la propriété de la liquidation de
la Société agricole. — Le liquidateur rappelle ensuite
que sur le centre de la deuxième portion de la 2ᵉ zône
sont les étangs de *Consécanière*, de *Ginès*, du *Taute*,
du *Clar-de-Rousset*, des *Petites massoucles*, et ce qu'il
appelle des marais-roselières « communiquant entre
» eux par une infinité de canaux ou défilés destinés à
» la circulation des eaux et du poisson, ainsi qu'aux
» besoins de la pêche, toutes choses possédées par la
» même liquidation. » — Les étangs n'ont pas, en
cuvette, une profondeur de plus de 40 centimètres,
excepté *Ginès*, qui mesure 75 centimètres au dessous
de ce même niveau. — Les étangs et les marais sont,
par la loi des niveaux, obligés d'emmagasiner toutes
les eaux de pluies, ainsi que *celles provenant des roubines qui dérivent les eaux du Rhône*. — « Au nombre

» des roubines qui ajoutent leurs eaux aux eaux na-
» turelles, il y en a TROIS *qui ont pour destination de
» porter, dans les étangs*, LES POISSONS ET LE FRAI
» QUE LE RHONE Y ENVOIE, ainsi que de *rafraîchir* la
» population de ces étangs. — Quant à l'étang des
» Launes, qui est le dernier et le plus méridional des
» chainons *inondés* de ce bassin, il tire également
» son alimentation des eaux pluviales, *et de trois rou-
» bines* qui servent aux besoins de trois domaines pla-
» cés entre cet étang et le fleuve. » Ces récipients sont
forcément le rendez-vous de tout le liquide que donnent les années pluviales.

« Entre le chemin n° 9 (dont on a déjà parlé,) et
» l'étang des Launes, on rencontre un espace coupé
» de fossés larges et profonds, où il y a une assez
» grande quantité de petites terres ou terrons culti-
» vés, qui paraissent avoir été exhaussés sur les ni-
» veaux généraux par la main de l'homme, au moyen
» des déblais et des curages de ces fossés, opération
» par suite de laquelle ces fonds ont acquis une élé-
» vation permettant toujours leurs cultures. » Celles-
ci, ajoute-t-il, se font dans la période estivale ; aucun
des accès n'est impraticable ; la dessication a déprimé
les niveaux. Après les ensemencements, ces niveaux
se relèvent ; mais alors il n'y a aucun travail à faire,
et la dessication revient au moment de la mobilisation
des produits. — La surface de toute cette partie de la
commune est *extrêmement basse* ; il n'y a qu'une *déclivité insensible* du nord au midi.

» Avant les moyens d'écoulement récemment employés, des masses considérables d'eau devaient s'amon-

celer et étaient une cause de désastre pour les terres
cultivées non rehaussées et dont elles *inondaient les
récoltes*, ainsi que pour les étangs dont elles *dis-
séminaient et anéantissaient les poissons.*

Enfin, le liquidateur achève sa description par ce
passage, qui attirera particulièrement notre attention : « On a compris qu'on ne pouvait compter, pour
» évacuer les surabondances d'eaux de ce territoire,
» sur les étangs situés à l'est, par la raison que leurs
» niveaux n'ont jamais donné que des libertés pro-
» blématiques d'émission !!! »

En d'autres termes, pour le dire de suite, on aurait compris que le *Valcarès* était le plus détestable
et le plus dangereux, *pour les semences comme pour
les récoltes*, des récipients !!! Voilà du nouveau !

Que de contre-vérités dans les faits ! quelle habileté
dans les appréciations ! Cette description des lieux,
qui ne semble rien, qui paraît être faite avec une
simplicité et une bonhomie qui attache et appelle la
croyance, était un morceau indispensable à la thèse du
liquidateur. En y souscrivant simplement, on donne,
presque pieds et poings liés, dans le piége de l'adversaire. Si la tête passe, tout le corps y passera ; mais
il y a quelque chose à mettre en travers...

III.

Les lieux et les choses : redressement.

Le *Lévadon* des Saintes-Maries a été anciennement
construit, non pour servir de chemin, quoiqu'il en

prenne souvent la destination, mais pour garantir le territoire du canton des eaux de la mer et particulièrement du Valcarès, son ennemi le plus voisin du côté de l'est, et le plus dangereux. Il aurait suffi, à l'époque de cette construction, de pousser le lévadon à 2,500 mètres plus bas, c'est-à-dire jusqu'à la chaussée du Petit-Rhône, pour abriter complètement le territoire des Saintes-Maries (commune) des eaux salées.

La fonction du lévadon, son but essentiel a été la protection des voies de communication comme celle des récoltes ; mais la question d'écoulement des eaux supérieures dans les bas-fonds inférieurs n'en a point été troublée ; au contraire, en se mettant en garde contre un ennemi pour éviter tout son courroux, on se ménageait avec une admirable prévoyance tous les moyens de profiter de ses longs moments de calme pour jeter dans sa cuvette profonde les eaux nuisibles qui y étaient naturellement appelées par la pente des lieux. De là l'établissement des *Cinq-Gorgues*, de là et par là l'écoulement de tous les étangs et marais de la deuxième zône décrite par le liquidateur, à l'étang des Launes près, inférieurement placé.

Comment n'en aurait-il pas été ainsi ? La servitude naturelle, le niveau du lieu l'indiquaient forcément. Les écoulages étaient pratiqués, aidés par la main de l'homme, pour s'opérer plus régulièrement et plus abondamment là où ils avaient lieu, auparavant, avec désordre et préjudice. Le Lévadon les avait brusquement supprimés ; des canaux traversant le Lévadon devaient les rétablir : ce qui a été fait immédiatement.

Les écoulages traversant le *Lévadon* n'ont donc pas créé, mais ils ont conservé la servitude naturelle et légale de l'écoulage des lieux supérieurs sur les lieux inférieurs. Et le Valcarès, en cette partie, est le lieu le plus inférieur; la cuvette est à $1^m 50$ au-dessous du niveau de la mer, lorsque celle des étangs de la seconde zône et qui y déversent est à peine de 40 centimètres au-dessous du même niveau, à l'exception de *Ginès*, d'après le liquidateur, dont la cuvette atteindrait 75 centimètres.

Les eaux pluviales de la seconde zône (1), les résidus peu importants des roubines destinées à pourvoir aux besoins bien connus des domaines, se sont toujours écoulés de la sorte.

S'il en est ainsi, comment le liquidateur ose-t-il avancer (page 6 de son factum) « qu'on a compris » que les surabondances d'eau ne pouvaient être éva- » cuées sur les étangs de l'Est (lisez Valcarès), que » leurs niveaux n'ont jamais donné que des libertés » problématiques d'émission !!... » Qui a compris cela ? qui a écrit et soutenu cela ? qui a jamais osé produire une énormité pareille ? quel est l'homme

______

(1) Nous suivrons le liquidateur dans sa division par zône de l'est et de l'ouest pour être mieux compris dans notre réfutation. Cependant, nous avertissons que cette division peut donner lieu à des méprises et à des confusions qu'on aurait évitées en faisant une distribution différente des lieux, en distinguant les étangs du nord et ceux du midi de la deuxième zône. Il aurait encore mieux valu, selon nous, appeler les lieux simplement par leurs noms, au lieu d'en faire des groupes qui n'ajoutent aucune lumière et qui ont l'inconvénient de mettre toujours le groupe en jeu quand il ne s'agit, le plus souvent, que d'une de ses parties.

connaissant les lieux et les choses, qu'il soit ménager ou ingénieur, qui aurait le courage d'une telle affirmation? Est-il permis, nous le demandons, de se moquer ainsi du public?...

Insistons sur cette partie de la description du liquidateur : la Basse-Camargue est connue de beaucoup de monde. Depuis assez longtemps, elle est l'objet des études les plus exactes et les plus savantes. MM. Poulle, Surell et de Montricher ont passé par là. On sait aussi qu'un administrateur d'un grand mérite, — M. le vicomte de Suleau, aujourd'hui sénateur, — a fait, pour cette partie de notre territoire, plus que beaucoup de ses devanciers, pour éclairer les questions relatives à l'amélioration de la Camargue. On connaît son arrêté célèbre du 24 mai 1850, — la fameuse commission des 67 membres qu'il nomme et qui compte dans son sein un ancien ministre, des ingénieurs, toutes les notabilités scientifiques et terriennes, — la distribution des travaux exécutés par des sous-commissions centralisées à leur tour et présentant, dans la séance solennelle du 11 octobre 1851, présidée par le Préfet, le résumé de toutes les observations de ce collége d'hommes savants, spéciaux et pratiques, travaillant *non dans l'ombre*, mais au grand jour de la discussion publique... Dans un seul de ces importants travaux, que nous nous réservons d'apprécier, met-on en doute *les libertés problématiques d'émission* dans le *Valcarès*? au grand jamais! c'est le contraire qui est écrit partout, parce qu'il est écrit sur les lieux avant de l'être dans les travaux des ingénieurs et des commissions. Aussi, lorsque M. Surell résuma, le 25 février 1850, les divers projets dont la Camargue est l'occasion, rappelle-t-il (page XXV de son travail imprimé chez Senès en 1850) la délibération très-remarquable qu'obtint M. Legrand, du Conseil général des ponts et chaussées le 23 décembre 1833, et qui pose les bases suivantes : *faire de l'étang du Valcarès le récipient général des écoulements de l'île !* — Est-ce clair? que le liquidateur n'équivoque pas, ne chicane pas sur ce point. Quand le Conseil général des ponts et chaussées veut *faire* du Valcarès le récipient général, il ne fait que consacrer ce qui est, en le développant, en assurant par des moyens artificiels avantageux l'écoulement naturel et séculaire dans cet immense réservoir, qui n'a pas une superficie moindre, suivant le même ingénieur, de *six mille deux cents hectares*. Et le Valcarès n'est pas *seul* dans cette première zône de l'Est ; il ne fait par ses larges communications, qu'un seul corps avec les étangs de *Malagroy* où débouchent les Cinq-Gorgues, de *Monro*, de *Fournelet*, tous au sud du Valcarès, — de l'*Impérial*, du *Lion* et de la *Dame*, au midi de ces derniers et représentant, dans leur ensemble, une superficie dix fois plus considérable que tous les étangs de la deuxième zône dont *Consécanière* est le plus considérable ; les *Launes* et *Ginès* ne viennent qu'après ; la *Taute*, le *Clar de Rousset*, les *Grandes et Petites Massoucles* ne valent pas la peine d'être mentionnés.

Le récipient général de la Camargue, aujourd'hui comme par le passé, en fait comme en droit, par la pente naturelle des lieux, dans tous les projets d'amélioration déclarant les moyens d'écouler et consacrant les droits acquis, c'est le Valcarès et toute l'immense région des étangs qui communiquent avec lui. Il ne saurait y avoir un point plus robustement établi. S'il y a eu doute et problème, c'est dans l'esprit unique du liquidateur, dont nous croyons avoir radicalement détruit les assertions contraires. Malgré ses infinies précautions le liquidatenr le reconnaît implicitement lui-même (page 5 de son factum), lorsque , parlant de la fâcheuse condition des terrons, qui nous occuperont bientôt , il déclare que « la surface de » *toute* cette partie de la commune est *extrêmement* » *basse* et qu'il n'y a qu'une *déclivité insensible du* » *nord au midi...* » D'où il suit que , dans les temps anciens on n'a pas pu diriger les écoulages où ils n'avaient jamais passé , à raison de la déclivité *insensible*, parcequ'ils auraient fait, comme aujourd'hui , du voisinage des Stes-Maries , un marais ou un cloaque aussi permanent qu'infect et délétère. Les écoulages se fesaient où nous l'avons dit, où les pentes étaient marquées par la nature , où la déclivité était rapide , où la cuvette des réservoirs appelait naturellement à elle les résidus nuisibles de la nature elle-même.

Passons à un autre redressement :

La commune des Saintes-Maries a toujours été pauvre et malheureuse. Dans des temps déjà anciens, et c'est le liquidateur qui nous l'a appris lui-même, le jour où il plaidait avec tant d'ardeur contre nous, — elle a aliéné une partie de ses étangs pour payer ses dettes. Elle a dû le faire sans s'imposer de servitudes ; si elle avait accepté les écoulages au moyen desquels on voudrait perpétuellement l'inonder aujourd'hui,

on ne manquerait pas de produire le texte de pareil-
les stipulations. Mais cela n'est pas. La commune a
vendu ce qu'elle possédait , comme elle le possédait ,
rien de plus. Les lois des irrigations et du drainage ,
comme on le verra, ne sont venues, sous aucun rapport, troubler la sainteté des contrats.

En 1813 (1) , si nous sommes bien informés, l'é-
tang des Launes a été vendu administrativement. C'est
ce qui fait dire à l'adversaire que cet étang est devenu
la propriété de la liquidation. Le liquidateur s'est
abstenu de tout détail de prix , de contenance , de
jouissance, etc., relativement à cet étang. On comprendra ses réticences en jugeant les faits concomit-
tants de cette vente.

A l'époque de l'aliénation de l'étang des Launes ,
tous les *terrons* ou petites terres qu'on remarque , en
grand nombre, dans le périmètre de ce qu'on appelle
l'étang des Launes, existaient. Ces terrons apparte-
naient, comme ils continuent d'appartenir à divers habitants de la commune, dont ils sont, sous le rapport
des céréales et des plantes potagères , le grenier et le
marché. Les fossés et autres relargs creux qui entou-
rent ou avoisinent ces terrons eux-mêmes, sont la propriété des mêmes personnes. Cette propriété , toute
misérable qu'elle est , est aussi sacrée, nous le pen-

(1) Il y a, aux archives communales des Stes-Maries, un double
ou expédition de cet acte d'aliénation. Nous en avons réclamé une
copie à M. le maire qui nous a renvoyés à la préfecture. Nous
n'avons pas cru qu'il nous convint de continuer à perdre notre
temps pour réclamer une chose dont nous pouvons rigoureusement
nous passer, quant à présent.

sons, que les *vingt-trois mille* hectares du château Davignon.

L'étang vendu tient, sans délimitation aucune, aux terrons dont les limites , en terrains creusés ou déprimés, se confondent avec le périmètre de cet étang. On comprend ainsi , de suite, qu'en jetant de l'eau dans la cuvette des Launes, c'est comme si l'on jetait cette eau dans les relargs des terrons qui ont le même niveau ou à peu près que la plus basse partie de la cuvette de l'étang. C'est encore un fait écrit sur le sol et que toutes les dénégations ne détruiront pas.

Jusques au moment où le canal des Launes a fonctionné, c'est-à-dire pour la première fois en 1858 , la cuvette de ce canal n'était incommodée et les terrons à leur tour , que par les eaux pluviales. *Aucune communication* n'existait entre l'étang des Launes et les étangs supérieurs de la deuxième zône. L'étang des Launes n'étant ainsi alimenté que par les eaux du ciel , il en résulte, si l'on prend pour règle les observations de *Cotte* , relatives à Arles , acceptées par M. Surell, que pendant le semestre estival (d'avril en septembre), les eaux fournies par la pluie donnent une couche totale de 233 millimètres , et que les eaux évaporées égalent 1886 millimètres ; — et pendant le semestre hivernal (d'octobre en mars), que la pluie donne 457 millimètres et l'évaporation 676. D'où la conséquence générale, que les forces de l'évaporation sont supérieures à celles de l'humidité ; d'où la conséquence encore, pour notre localité , que la cuvette des Launes est toujours complètement desséchée dans le semestre estival , que la liberté des accès est entière et la mobilisation des produits sans entrave. Si le contraire arrive à de longs intervalles , c'est dans le cas d'un cataclysme, d'une inondation générale ; cela peut arriver , dit la fameuse délibération du 10 mai 1853 , *une fois tous les quinze ans* , et encore cela ne se produira-t-il probablement plus depuis que la tête de la Camargue, après l'inondation de 1856 , a été armée de si fortes réparations, que les chaussées du grand comme du petit Rhône ont été exhaussées et fortifiées. Une exception ne saurait être prise pour une loi ; et l'exception a été radicalement attaquée et détruite dans ses causes.

Et lorsque le liquidateur (page 6 de son factum) , ose avancer « qu'avant les moyens d'écoulement ré- » cemment employés (il veut parler de son canal des » Launes), *des masses considérables d'eau* devaient » s'amonceler.... ; qu'elles étaient une cause de dé- » sastre pour les terres cultivées,..... qu'elles inon- » daient les récoltes » , il ne cite qu'une exception sur laquelle il ne fera prendre le change à personne.

Si des *masses considérables* d'eau sont accumulées, si les récoltes sont rendues presque impossibles , si l'air est vicié, si la salubrité publique est compromise, c'est depuis que la présence des eaux est devenue normale et permanente , depuis que la période d'évaporation ne suffit plus, depuis enfin que le canal des Launes existe !...

Au moment où nous écrivons ces lignes (fin juillet 1860) , nos terrons sont inabordables autrement qu'en barque ou en se mettant dans la boue jusqu'au ventre. Il faut apporter les gerbes sur des *nègue-*

chins ou à dos d'homme ; l'aire communale est couverte d'eau et de boue ; cela s'est-il jamais vu dans
une année et dans une saison comme celles où nous
sommes ?

C'est vainement que le liquidateur (p. 5 du factum)
s'efforce, dans un langage embarrassé, tortueux, de
parler, à ce sujet, des *niveaux déprimés*, *de quel-*
ques interruptions toujours de courte durée... C'est
de la phraséologie pure qui, en présence des lieux,
ne permet pas de s'y arrêter sérieusement.

Ce qui paraît rassurer le liquidateur dans sa malheureuse description des lieux et ce qui lui a donné la
force d'invoquer les masses *considérables* d'eau dont
nous parlons plus haut, c'est ce qu'il *glisse* (p. 4 du
factum) en disant : » au nombre des roubines *qui*
» *ajoutent leurs eaux* aux eaux naturelles, IL Y EN A
» TROIS qui ont pour destination de *porter* dans les
» étangs les *poissons et le frai que le Rhône y en-*
» *voie* ! »

Et de quel droit le liquidateur a-t-il trois roubines,
s'il n'en a pas davantage, non seulement pour porter
le frai du Rhône et des poissons dans ses étangs, en
accroissant le contingent des eaux naturelles au moyen
de ces eaux artificielles qui inondent et ruinent ? De
quel droit remplit-il les terrons de ces eaux naturelles
et artificielles confondues ? Depuis quand les roubines
de Camargue sont-elles destinées à porter du poisson dans les étangs ? Depuis quel temps appelle-t-on
spécialement le frai du Rhône par de tels moyens ?
C'est tellement nouveau que cela excite le dernier des
étonnements.

Tout le monde, dans nos contrées, — et nous ne voulons pas excepter un seul agriculteur ou un seul propriétaire, — connait l'usage des roubines dans chaque domaine. Elles ont, de temps immémorial, été et elles sont établies pour les usages de chaque domaine. Ces usages, jusqu'à l'établissement de moyens nouveaux d'irrigations, comportent l'eau nécessaire pour l'alimentation des troupeaux de toute espèce, pour les besoins du ménage et pour le jeu des *pousaraques* qui servent à l'arrosage des jardins et quelquefois des luzernières sur une petite échelle. Hors de là, les roubines n'ont plus de raison d'être. Nous nous trompons : elles servent encore à l'arrosage des marais et à l'entretien des étangs. C'est ainsi que les marais et pêcheries de Méjannes, que les marais et pêcheries de tout autre domaine sont conservés. Mais les propriétaires de ces marais et pêcheries, autres que celui du château Davignon, n'ont jamais eu la pensée de nuire, par leurs résidus, aux propriétés voisines. Ils font, chez eux, ce qu'ils veulent ; personne ne saurait le trouver mauvais.

'Nous nous embarrasserions peu que le liquidateur fît venir chez lui de l'eau, du frai et du poisson par *six* roubines au lieu de trois, s'il ne nous fesait pas de mal. Mais placer ce frai, ce poisson et ces étangs sans cesse rafraîchis dans *les besoins des domaines*, nous imposer ces besoins comme des droits, nous en grever comme de servitudes acquises et présenter les résultats d'une telle conduite comme la chose la plus juste et la plus naturelle, c'est ce que le sens droit cesse de comprendre. Et les terrons inondés n'auraient pas le droit de se plaindre des eaux de ces trois roubines qui les empoisonnent et les exproprient?...

Cela dit, on comprendra mieux ce qui va suivre.

IV.

Le liquidateur avant d'être maire.

Le liquidateur a commencé à honorer la Camargue de sa présence en 1846. A cette époque et pendant les premières années, il allait et venait de Lyon à Arles; il fesait ses études et préparait son nid.

En 1852, si nous sommes bien informés, sa position s'est dessinée. La liquidation qui avait été suivie jusque là par l'honorable comte d'Orcières, — tombe aux mains de l'ancien premier clerc de Me Coste, notaire à Lyon. Si ce dernier, comme nous l'avons observé en commençant, n'est pas liquidateur, il est le représentant de ce dernier, son procureur fondé : cela revient au même.

Armé de pouvoirs, le liquidateur se met à l'œuvre. Il sait où il est, ce qu'on y dit, ce qu'on y fait ; et ses débuts ne démentent pas son passé. Il se trouve au milieu de paysans, de pêcheurs, de gardiens de bêtes ovines, bovines, rossatines ; il ne voit autour de lui qu'une population ignorante, souffrante, déshéritée de tout ; et, dans sa première joie, il se dit, en se frottant les mains : cela va être mis au pas dans 24 heures!...

Le liquidateur se trompait...; et son petit *Tayllé-*

randisme était mis en complète déroute. Là où le liquidateur croyait ne rencontrer que des langues d'agneau prêtes à le lécher , il vit apparaître des dents... prêtes à se défendre... La transition de paroles mielleuses aux gros mots fut donc rapide.

Voyant sa diplomatie éventée , le liquidateur ne se tint pas pour battu. En effet, le 6 avril 1853 , il demande au préfet, par application de la loi du 1er mai 1845 dite loi *Angeville* , « l'autorisation d'établir *un* » *grand canal* sur des terrains appartenant à la commune, nécessaire à l'écoulement des eaux et à l'irrigation de sa propriété (V. p. 11 de notre premier » mémoire). »

Que porte cette loi *Angeville*? Son économie tout entière est renfermée dans l'article premier, ainsi conçu : « Tout propriétaire qui voudra se servir , » pour l'irrigation de ses propriétés , des eaux naturelles ou artificielles dont il a le droit de disposer , » pourra obtenir le passage de ces eaux sur les fonds » intermédiaires, à la charge d'une juste et préalable » indemnité. » L'article 3 donne la même faculté pour l'écoulement des eaux nuisibles. L'article 4 rappelle qu'on doit concilier l'intérêt de l'opération avec le respect dû à la propriété.

Le texte, l'esprit et le but de cette loi sont faciles à saisir. Etes-vous tourmenté par des eaux nuisibles, c'est-à-dire des eaux de pluie ou de source dont vous ne pouvez vous débarrasser autrement qu'en réclament un passage au voisin ? Vous avez le droit d'obtenir ce passage, moyennant indemnité , sans nuire à ce voisin ? — La liquidation a-t-elle jamais été dans ce cas ? Non ! Ses eaux nuisibles ont leur écoulage immémorial dans les grands récipiens naturels de la Camargue qui sont les étangs de *Malagroy*, de *Mouro*, de l'*Impérial*, du *Valcarès*, par l'écoulage des *Cinq-Gorgues*; — les autres voies par lesquelles ces écoulages ont lieu sont la roubine *la Fadaise* qui se décharge dans *Ginès*, — la *Ballarine* qui déverse dans *Consécanière*, étang mis en communication avec la première zône par les *Cinq-Gorgues*; — la *Pigeonnière* et le *Grand-Canal* du château qui se jettent directement dans le *Valcarès !!* En voilà-t-il assez pour écouler vos eaux nuisibles ? Vos devanciers ont-ils eu besoin, ont-ils jamais rêvé d'autres moyens ? Avez-vous de ces eaux nuisibles ? Non ! Si, à longs intervalles, votre territoire peut en être fatigué, c'est lorsque toute la Camargue souffre. Personne ne se plaint ; tout le monde attend. Le mal n'a de remède pour tous, non dans des écoulages impossibles, mais dans le travail et l'effort de la nature qui se manifestent par l'absorption et l'évaporation qui rendent aux écoulages naturels et artificiels existants toute leur énergie.

Voulez-vous arroser ? personne ne vous gêne. Vos marais peuvent recevoir les eaux du Rhône, vos roselières aussi. Si ces arrosages, qui se pratiquent dans tous les domaines de Camargue, vous donnent des résidus ou colatures, vous avez dix moyens de vous en débarrasser sans venir nous inquiéter. La loi *Angeville* veut qu'on respecte la propriété qu'on ne demande pas ce dont on n'a pas besoin et qu'on ne réclame pas de servitude quand leur nécessité n'est pas clairement démontrée.

La liquidation , le 6 avril 1853 , n'avait, pas plus qu'aujourd'hui, ni eaux nuisibles , ni colatures à évacuer parce qu'elle possède les moyens les plus nombreux et les plus puissants d'évacuation. Elle voulait *autre chose* ; elle nous l'a appris dans le factum du 26 juin dernier en nous parlant du frai du Rhône , de ses poissons et des eaux abondantes dont cette population a besoin pour être rafraîchie. Sont-ce là des *eaux nuisibles* dans le sens de la loi Angeville ? Sont-ce là des irrigations dans les termes de la même loi? Evidemment non !

Le liquidateur ne disait donc pas la vérité au préfet le 6 avril 1853 !

Aussi le Conseil municipal des Saintes-Maries de même que la population entière ne s'y sont pas trompés ; et, dans la fameuse délibération du 10 mai suivant, ce conseil a répondu au liquidateur en termes qui sont restés gravés dans tous les souvenirs (V. p. 12, 13, 14, 15 et 16 de notre premier mémoire). Le liquidateur y est traité de main de maître, et sa conduite est percée à jour.

Qu'a répondu l'auteur du factum du 26 juin à cette accusation brûlante ? Rien !!! — Il y en a qui croient que cela en valait cependant la peine... A quoi sert de répondre si l'on ne répond à rien ?....

Mais la délibération du 10 mai n'a pas fait venir le rouge dans le blanc des yeux du liquidateur..... Le trait qu'il a reçu du conseil lui a fait une blessure profonde... Sa fureur éclate dans un ajournement donné le 20 juin à la commune !...

Le conseil municipal s'en émeut peu. Il va retrouver, là, quelqu'un qui lui répondra : « ON NE PASSE PAS ! » En effet, sous la date du 26 du même mois , le conseil répond fièrement «... que les intérêts d'une » commune *ne sauraient être sacrifiés à des* SPÉCULA-» TIONS PARTICULIÈRES *dont le but et les conséquen-* » *ces funestes au pays et contraires à la loi invoquée ,* « ont été suffisamment développés dans la délibéra-» tion du 10 mai ...»

Ces deux délibérations des 10 mai et 26 juin 1853, sont le cahier d'enquête le plus développé, le plus authentique, le mieux raisonné, le plus fort en raison et en droit qu'on puisse produire. Quel compte en a-t-il été tenu dans les résolutions ultérieures? Quel fait a-t-on effacé? Quel argument a-t-on détruit? Quel droit a-t-on respecté? Quel intérêt a-t-on soutenu?...

Quoi qu'il en soit, qu'a répondu encore le factum du 26 juin 1860 à la délibération du 26 juin 1853 ? Toujours rien !! Et pourquoi ces réticences ? C'est en vain que le liquidateur se cache derrière son doigt... Nous reportons à ses oreilles le cri d'une population entière : « Vous voulez sacrifier la commune à vos » spéculations funestes ! vous invoquez la loi et vous » savez que le but que vous voulez atteindre est » contraire à la loi que vous invoquez ! que répondrez-» vous ? » Toujours et toujours rien !

Soyons justes cependant. Quoique nous ayons en face un homme qui ne répond à rien, tâchons de ne pas lui ressembler, et relevons les moindres choses dont il puisse tirer avantage.

Le liquidateur nous rappelle que, le 29 avril 1837, — il y a 23 ans — M. l'Ingénieur Poulle avait signalé la nécessité d'ouvrir un canal d'évacuation traversant *Consécanière*, *Ginès*, les *Petites massoucles* et les *Launes*, et se dirigeant au Petit-Rhône dont le niveau, ajoute-t-il, est *à peu près celui de la mer.*— Il ajoute que les 30 avril et 31 mai 1850 — treize ans après — MM. Surell et Montricher, ingénieurs, *ont adopté la même décision* (pages 8 et 9 du factum).

Quand on cite, il faut avoir l'honnêteté de l'exactitude et de la vérité ; ce double caractère manque entièrement à la double affirmation du liquidateur, on regrette de le dire.

Nous avons sous les yeux le troisième projet d'amélioration de la Camargue, du 30 avril 1850 ; nous l'avons parcouru depuis la page 99 jusqu'à sa fin, et nous n'y avons rien lu de semblable.— Nous en avons fait autant du deuxième projet de la même année, depuis la page 77 jusques à 90, et rien de pareil à ce qui est allégué n'a frappé nos yeux. Nous serions bien aises, si nous avions le malheur de nous tromper, que le liquidateur nous citât le texte en question ; nous nous montrerions heureux de lui faire nos excuses et de nous incliner devant les autorités invoquées.

Sans analyser ces travaux, ce qui nous conduirait trop loin, relevons dans le deuxième, page 78, ce qui suit : « Bassin des Saintes-Maries, 3,600 hectares de » surface — arrosable par le canal de la *Cape*, renferme 1,100 hectares d'étangs. » — Et puis, page 89, après avoir parlé des six principaux bassins, les ingénieurs ajoutent : « rien n'empêchera ensuite de pro- » longer le canal de la *Cape* jusques *près du bourg* des » Saintes-Maries, ce qui permettra d'arroser un sep-

» tième bassin *non compris* dans l'avant-projet. » Et puis, page 90 : « Le canal ainsi prolongé *porterait des* » *eaux douces* aux Saintes-Maries.» Qu'est-ce que cela a de commun avec le canal des Launes ? En quoi les travaux magnifiques des ingénieurs hydrauliques que nous avons nommés ressemblent-ils à ceux dont nous nous plaignons ?

Il s'agissait, en 1850, d'étudier à fond la Camargue, 1º sous le rapport de la digue à la mer réclamée depuis un demi-siècle, déjà essayée par le lévadon des Saintes-Maries, qui a 5,000 mètres de longueur, par la compagnie de Paulet, par M. de Rivière, par les salins de la Vignole et de Badon ; — 2º sous celui du desséchement et des irrigations ; — 3º enfin sous le rapport des voies de circulation.

On est frappé de la grandeur de l'œuvre et des travaux de premier ordre auxquels elle a donné lieu, tant de la part des célèbres ingénieurs que des hautes notabilités qui composaient la grande commission. Tout y est solennel et de premier ordre. Chacun, à l'envi, apportait le tribut de son savoir et de son expérience. Jamais la Camargue n'a vu une aussi belle période d'études, de plans, de rapports qu'à cette époque. Tout se passait, comme nous l'avons déjà dit, au grand jour de la publicité comme au grand éclat de la discussion. Les de Suleau, les Surell, les Montricher, les de Rivière, les de Gasparin, les Daunan, les Marcotte, les Bosc, les de Jonquières et quarante autres de même valeur étaient là ! Dans les travaux qui resteront et dont le plus important, — la digue à la mer, — est déjà exécuté, on discute la division des

bassins du Delta, les arrosages naturels et artificiels ,
le dessèchement , etc.; on raisonne de l'efficacité, de
l'utilité et de l'opportunité des travaux; on met en
regard les dépenses et les avantages ; tout converge
nécessairement vers une pensée collective d'amélioration. Les moindres circonstances de nocuité sont
écartées avec des scrupules qui attestent le haut esprit
de justice qui dirige cette importante réunion. Là ,
point d'égoïsme , point de cupidité , point de spéculation funeste! tout marche au bien public....

Comment se fait-il que le liquidateur ose aller chercher un appui dans les travaux de 1850 et 1851 ? Il
n'y a là rien de ce qu'il a fait , rien de ce qu'il voulait
faire : Est-ce que, par hasard , MM. Poulle, Surell et
Montricher ont jamais écrit que les étangs recevraient
le frai du Rhône et que les poissons seraient constamment rafraîchis? Est-ce que la commission du 24 mai
a jamais prononcé un mot qui pût autoriser à penser
qu'en délibérant les irrigations , c'étaient des inondations permanentes qu'elle voulait établir?

Savez-vous ce que fait aujourd'hui le liquidateur? il
cite à tort et à travers, il décout, il déchire le majes-
tueux ensemble du système, et de ces tronçons divers
rapportés à un but particulier , il fait parler Surell
et Montricher d'une façon déplorable. — Ils en sont
déjà vengés...

Qu'on ne l'oublie pas : le liquidateur est toujours
aspirant à la mairie. Il continue de s'agiter sans faire
beaucoup de chemin. A chaque tentative nouvelle, il
éprouve un échec nouveau. Tant que le liquidateur ne
sera que candidat , la commune ne redoute aucune de
ses entreprises.

L'adversaire se prévaut encore (v. p. 9, 10 et 11 de son factum), d'une descente de lieux qu'il fit faire, nous dit-il, les 9, 10 et 11 mars 1853 « pour cons-» tater l'état de submersion du territoire de la » deuxième zône ». Il nous donne copie du procès-verbal dressé à cette occasion, et qui constaterait que les eaux s'élevaient au-dessus du niveau de la mer ; qu'il n'y avait aucun moyen d'évacuation, qu'il y avait nécessité absolue d'écouler dans le Petit-Rhône.

Vient ensuite une rédaction heureuse où l'on rencontre toute la verve habituelle du liquidateur, sa sollicitude pour le frai et les petits poissons... Ce qu'on en doit particulièrement noter, c'est ceci : « l'assè-» chement des baisses et marais se faisant à l'aide du » canal projeté, *les eaux infectes* qu'ils contiennent » ne répandront plus, pendant les saisons chaudes, » dans la commune des Saintes-Maries, *leurs éma-» nations puantes et fiévreuses !!! »*

Très-bien, liquidateur ! ainsi vous parliez en mars 1853. Que dites-vous en juillet 1860 ? des eaux, des boues aux portes de la ville, un immense et infect cloaque répand partout *ses émanations puantes et fié-vreuses !!!* Et il n'a pas plu comme en 1853, année exceptionnelle ! et les vents du Sud ne règnent pas ! et la mer ne refuse pas ! et nos terrons sont inabordables ! et nous apportons nos récoltes à dos d'hommes ou en barque ! et les boues nous empêchent de fouler autrement qu'un à un sur l'aire habituelle ! — Encore une fois, que signifie votre constatation de mars 1853 ? Pitié ! Au surplus, le Conseil municipal en a fait bonne justice : vous en souvenez-vous ?...

Il reste encore une ancre de secours au liquidateur dans l'article 1er de la loi du 10 mai 1854 sur le drainage. Le liquidateur entend cette loi d'une si singulière façon qu'il est impossible de lui répondre sans sourire. Le drainage est sans doute une chose excellente ; la loi a bien fait d'autoriser le passage , moyennant indemnité, sur la propriété d'autrui souterrainement ou à ciel ouvert; mais il est évident que, dans l'un comme dans l'autre cas , on ne peut jamais nuire au voisin. Or, en fait , nos propriétés sont inondées , rendues inaccessibles. Ce que le liquidateur a opéré n'est point un drainage, mais le contraire d'un drainage, c'est-à-dire une inondation. La loi du 10 mai 1854 n'a point été exécutée en ce qu'il n'y a pas un canal, mais un canal tronqué qui n'évacue pas mais qui crève sur notre territoire et l'inonde. On comprendrait qu'il y aurait drainage si les eaux étaient renfermées, surtout dans l'étang des Launes, dans des berges continues jusques au Rhône ; mais cela n'est pas. — Il resterait encore la grande question non vérifiée de l'émissaire qui n'en est pas un et qui, au lieu d'évacuer , envoie dans l'étang des Launes. — Sous un autre rapport, pour être admis à invoquer la loi du drainage, il faut qu'il s'agisse d'eaux accidentelles et nuisibles et non d'eaux artificielles introduites constamment par un bout pour les faire sortir par l'autre. Autrement, ce n'est plus un drainage, mais une servitude imposée à un fonds qui ne doit pas la supporter.

Quoiqu'il en soit, les invocations du liquidateur au drainage comme aux irrigations n'ont pas été mieux reçues l'une que l'autre par la population. Le liquidateur a vu toutes ses armes brisées par le bon sens et l'intérêt des habitants qui n'ont pris le change sur rien. Ils ont résisté avec autant d'intelligence que d'énergie pendant plusieurs années et ils résistent encore plus que jamais.

Mais nous approchons d'une phase nouvelle. Laissons quelques instants de repos au liquidateur et découvrons-nous respectueusement devant M. le Maire.

V.

M. Digoin, maire.

M. Digoin a publié une *réponse* qui se compose d'un prologue à l'adresse de *l'avocat d'Arles* , *qui ne connaît pas les lieux*, — *d'une description des lieux* qui passe sous silence les trois quarts des choses essentielles à signaler. Cela fait, il divise cette réponse en deux parties ; la première a pour titre : LE FONCTIONNAIRE PUBLIC ! et la seconde : LIQUIDATION DE LA SOCIÉTÉ AGRICOLE.

Nous sommes donc, en ce moment, en face du fonctionnaire public. Nous devons nous recueillir afin d'éviter le moindre geste, la moindre expression qui puisse blesser un magistrat. Nous demandons pardon d'avance de tout ce qui pourrait être mal interprété. Nous n'avons nulle envie de nous livrer à des irrévérences coupables. Si la susceptibilité de M. le Maire se trouve quelquefois émue, ce sera sans volonté de

notre part. Nous n'entendons nous défendre que par
la vérité : les passions et les gros mots n'ont jamais
servi une cause. Le calme et le respect atteignent
mieux le but désiré.

Cependant nous ne nous dissimulons pas notre em-
barras. Tout ce qu'il s'agit de toucher est délicat. Et
pour éviter d'offenser le duvet municipal, nous avions
d'abord songé à reproduire ici, dans son entier, une
réfutation qui a été faite par l'une des parties lésées,
parlant en son nom comme en celui de tous ses co-
intéressés; mais l'incorrection du style, quoique rache-
tée par la justesse des observations, ne nous permet
pas de livrer cet intéressant dialogue au public. Celui
qui l'a dicté est un de ces *illitérés, mais sachant signer*, que le liquidateur nomme dans son tableau final, page 41, qui a nom *Soulès*. C'est un des anciens
du Conseil municipal de 1853 qui, dans l'une des fameuses séances des 10 mai et 26 juin, luttant contre
les prétentions de la liquidation avec le dévouement
le plus intelligent pour les intérêts de son pays, se vit
apostropher peu révérencieusement, en présence de
tout le Conseil, par M. Digoin lui-même, par ces
mots : « vous raisonnez comme ma pantoufle! » Le
Conseil ne fit pas de procès pour cette grossière injure, il se contenta de délibérer et de bien mériter
du pays.

Quoique la réfutation dialoguée du vieux conseiller
municipal soit écartée pour conserver la forme sévère
que nous avons adoptée, nous nous en inspirerons
cependant, toutes les fois que cela paraîtra utile à la
vérité, sans manquer de convenance envers le *fonctionnaire public*.

M. Digoin nous apprend qu'il a été nommé maire le 14 juin 1855, *sans avoir ambitionné* cet honneur. — *Soulès* et consorts lui répondent très-respectueusement : non seulement vous avez désiré, ambitionné le poste de maire, pour vous débarrasser des *pantoufles*, mais vous attendiez avec une ardeur fiévreuse le moment des élections... En général, on ne nomme pas maire qui ne veut pas, qui ne l'ambitionne pas... Nous croyons peu que l'ardeur des honneurs vous ait dominé, parce qu'il n'y aurait pas de quoi, surtout si l'on songe que vous ne résidez pas dans la commune, que vous déléguez au premier adjoint tous vos pouvoirs et que, dans certaines saisons, vous restez des mois entiers sans venir consoler vos administrés par votre présence. — Le mobile de votre conduite, permettez-nous de vous le dire sans vous faire injure, est donc AUTRE. Vous avez recherché, *ambitionné* les fonctions de maire pour notre bien, il faut le croire, mais peut-être aussi pour le vôtre : car vous saviez, par une lutte opiniâtre de plusieurs années, qu'avec *Soulès* et les bons *Santains*, vous ne pouviez pas aboutir ; qu'un échec succédait à un échec ; que les huissiers et le papier timbré nous émouvaient peu ; qu'enfin, vous ne pouviez pas vous faire jour, malgré votre bouillant courage et votre habileté, à travers la phalange municipale de même qu'auprès de tout ce qui possède dans la cité. — Vous avez donc *ambitionné* la misérable mairie de notre pays ; et lorsque vous écrivez le contraire, est-ce exact? est-ce vrai ? — Un magistrat comme vous doit donner en tout le bon exemple. Ne s'en écarte-t-il pas dans cette occasion, en ne rendant pas hommage à la vérité? Non , Monsieur le Maire , vous n'avez pas commis de mensonge ; vous n'avez , nous en sommes sûrs, voulu faire qu'une plaisanterie.

M. Digoin , devenu maire , avait acquis des forces toutes nouvelles. Le vaincu des 10 mai et 26 juin 1853 va poser d'une manière bien différente. A sa valeur personnelle , il faut en joindre une autre indispensable qu'il rencontre dans un nouveau Conseil municipal élu le 22 juillet suivant. M. Digoin nous cite avec orgueil les noms des douze élus. Saluons-les à notre tour! Nous avons déjà prouvé à M. Digoin que nous les connaissions aussi bien que lui , en relevant toutes leurs qualités, mérites et professions. Si nous ne partageons pas son sentiment sur l'*intelligence* de tous ces Messieurs , nous croyons, comme lui , à leur probité ; mais nous n'en dirons pas autant de leur *indépendance*. Nous avons dit pourquoi ; et M. Digoin *ne l'a pas contesté*. — Quant au suffrage universel qui les a nommés, nous ne pouvons pas l'attaquer. Nous nous inclinons donc devant le Conseil comme nous l'avons fait devant M. le Maire, en répétant, toutefois, qu'avec ce Conseil, M. Digoin n'a rencontré ni observations, ni difficultés.

Le Maire se met à l'œuvre... Ecoutez le langage inspiré avec lequel il rend compte des prémices de son administration : « Après avoir pourvu aux *pre-* » *mières nécessités de mon administration...*, je dus » porter mon attention sur *l'état fatal* dans lequel » se trouvait alors le territoire communal... *large-* » *ment inondé...* » Il semble que M. Digoin a pris vraiment possession d'un empire ; il paraît encore mieux qu'il arrive comme un Messie pour sauver les Saintes-Maries des eaux... M. Digoin en voit partout, des eaux ; la première comme la deuxième zône n'y tiennent plus... Les eaux lui donnent des hallucinations ; la mer et les étangs remplissent son cerveau et il expose comme des réalités les rêves de son imagination...

Cette couleur uniforme donnée fiévreusement aux temps et aux lieux, il s'écrie (page 8 de sa réponse) : « Le Maire *avait trouvé* la commune *en lutte* avec le » château ! *Initié* à cette contestation, le Maire *dut* » *étudier* la question au point de vue *des intérêts* » *communaux* ! » — Quelles bonnes choses à conserver ! — Mais ce ne sont que des paroles : arrivons aux faits.

M. le Maire dilate encore son intelligence pendant quelque temps pour aboutir à la page 11 et suivantes où il nous dit : « Le *nouveau maire reconnut* bientôt que la résistance de la commune — qui repoussait l'application de la loi des irrigations du 29 avril 1845 — n'échapperait pas à celle du 10 juin 1854 sur le drainage et » il (le maire) *lui sembla* que les » craintes manifestées par quelques propriétaires des » petites terres, élevées par la main de l'homme..., » étaient irréfléchies : car, s'agissant d'*une mesure* » *d'écoulage*, celle-ci ne pouvait être menaçante » pour aucun possesseur de terres cultivables. » Quel écoulage, grand Dieu !!!

Toute cette phraséologie est disposée pour nous amener aux communications suivantes, où M. le Maire

nous apprend que la commune n'avait plus (hélas! nous
le savons bien) de chance de succès, qu'une lutte
était devenue inutile , que la loi de 1854 devait être
exécutée ; — qu'il était de l'intérêt de la commune
d'éviter des frais. Et c'est ainsi qu'il nous conduit jusqu'à la délibération , à jamais fatale pour nous, du 3
avril 1856, dont nous parlons , pages 26 et suivantes,
de notre premier Mémoire.

Cette délibération , obtenue dans les circonstances
que nous avons rappelées , le traité amiable en 14 articles voté, M. le Maire marche au galop. Toutes les
résistances sont vaincues, toutes les critiques sont
écartées , toutes les oppositions sont éteintes. La liquidation et la mairie confondues , ont produit tous
ces énormes résultats.

Il ne s'agit , ici, non d'un domaine ou de quelques
domaines , mais d'une population entière, de son existence, de sa santé , de sa vie... Un Surell, un Poulle
ou un Montricher vont-ils se mettre à l'étude , vérifier scrupuleusement la loi des niveaux , le dessèchement possible , la question de salubrité , supputer les
améliorations, calculer les avantages , indiquer avec
l'autorité du talent et de ces appréciations qui ras-
surent , appliquer des lois nouvelles en tenant compte
des droits acquis , peser et mesurer toutes choses ?
Non ! c'est un agent subalterne attaché au service hydraulique qui est délégué. Tout honorable et capable
qu'il est , il va sur les lieux, influencé même malgré
lui. Il y a une délibération qui impose , une opinion
vaguement et généralement formulée pour le bassin
des Saintes-Maries, dont la condition n'a jamais été

fixée définitivement dans les grands travaux de 1850 ,
— et cette opinion est une loi parce que la *liquidation*
seule y trouve son compte. Cet agent du service hydraulique fait un plan du canal , appuyé d'un mémoire explicatif qui n'explique que la pensée domi-
nante de la *liquidation ;* et si l'auteur de ces plan
et mémoire avait, aujourd'hui , à émettre son opinion
raisonnée et consciencieuse, nous sommes convaincus
qu'il ne nous démentirait pas à l'endroit de l'impossibilité des fonctions du canal projeté.

Tout cela ainsi fait , il est procédé , le 4 août 1856 ,
à une enquête , par M. Croze ; et cette enquête « ne
» soulève *aucune opposition, aucune observation !* »
Cela est étrange !! Sans doute , l'honorable commissaire-enquêteur a siégé à l'hôtel-de-ville , il a attendu
et il n'a vu personne... Pourquoi cela ? Ah ? permettez-nous de vous le dire ; personne ne le savait. Ne
croyez pas que nous allons dire qu'il n'y a point eu
d'affiches , que M. Croze ne s'est point rendu aux
Saintes-Maries, qu'il n'y a point eu de procès-verbaux, etc., non certes ! Nous affirmerons cependant
que , malgré notre ardeur à suivre des intérêts
qui n'ont pas cessé un instant de nous animer , nous
n'avons rien vu , rien lu , rien su. Est-il rationnel de
penser que si l'enquête nous avait été connue, malgré
la triste désertion de celui qui avait été jusque-là
notre chef *lettré* , nous serions restés muets ? Personne ne le croira , parce que cela est incroyable !
Nous aurions, pendant quatre ans, résisté , délibéré,
repoussé impitoyablement la liquidation et , tout d'un
coup , nous nous serions arrêtés en méprisant l'*uni-*

que secours qui nous était offert!!! oh! non , mille fois non ! Personne ne croira à notre accidentelle atrophie ; et M. le Maire , nous en sommes sûrs , sera de notre avis.

Que pouvait-il sortir d'un plan , d'un mémoire explicatif et d'une enquête ainsi faits? Rien autre qu'un arrêté préfectoral comme celui du 19 février 1857 , précédé de l'approbation du commissaire-enquêteur et de celle du sous-préfet qui n'étaient que des sanctions de bonne foi de l'opinion et des ardeurs de M. le Maire.

Aussi , sommes-nous peu surpris de lire , dans cet arrêté, ce qui suit : « considérant que l'établissement » de ce canal sera *un grand bienfait* pour la popula- » tion en faisant disparaître , par l'écoulement des » eaux nuisibles, *la cause incessante de maladies épi-* » *démiques* ; — enfin , que le canal projeté est avan- » tageux à la commune sous *le triple rapport* de SES » INTÉRÈTS MATÉRIELS , AGRICOLES et HYGIÉNIQUES.» — L'administration se réserve toutefois de détermi-ner les niveaux et de réglementer le régime des eaux. (Art. 1er de l'arrêté.)

Nous n'avons aucun reproche à adresser à M. le Préfet. Il a été excité par les meilleurs motifs. Il a cru à toute la vérité de ce qui lui a été rapporté. Il a cru sincèrement — et tout autre à sa place aurait cru comme lui — que les terrains traversés seraient amé-liorés, que les intérêts matériels, agricoles et hygié-niques en profiteraient prodigieusement. Tout le lui disait dans les circonstances que nous avons rappor-tées, et il a cru signer l'arrêté le plus avantageux pour nous. S'il n'en est pas ainsi, c'est que ce haut magistrat a été trompé, que ceux qui l'ont officiellement renseigné se sont trompés, que cette multiple et déplorable erreur est accusée par la vue des lieux, par la présence des eaux en juillet, par le fonctionnement inverse de l'émissaire, par les miasmes méphitiques et permanents qui nous infectent, par l'excessive difficulté des accès, par la dégradation de nos propriétés, etc., etc.

Cependant, une chose importante à remarquer, ce n'est pas la *cession gratuite* que M. le Maire obtient des terrains nécessaires de la commune dont il surveille l'emploi des fonds, mais les *réserves* de l'administration pour *déterminer* les niveaux et *réglementer le régime* des eaux. Tout cela était prévu dès le 19 février 1857. Cela a-t-il été fait ? Les niveaux sont-ils déterminés ? Les eaux sont-elles réglementées ? La commune a-t-elle un syndicat ? Les particuliers ont-ils une garantie ? Y a-t-il autre chose que la volonté et l'intérêt de la Société agricole qui dominent ?

Et puis, tout cela fût-il encore (ce qui est matériellement et physiquement impossible,) dans les meilleures conditions voulues, et cet arrêté du 19 février pesât-il de tout son poids sur nous, si le mal permanent dont nous nous plaignons, n'était qu'un accident, nous invoquerions utilement le principe imprescriptible des indemnités pour cause de préjudice ; nous n'en sommes pas encore arrivés à ce point de discussion. Cependant nous observerons dès à présent que si M. le Préfet, avant d'approuver le traité du 3 avril 1856, s'était bien pénétré de l'article 5 de ce traité, qui renouvelle la sollicitude de M. le Maire pour les *poissons de la liquidadation ;* — s'il s'était arrêté non moins attentivement à l'article 8, où le sentiment de la paternité poissonnière est élevé à la plus haute puissance, et qui se traduit par la défense d'apporter aucun trouble dans l'étang des Launes , « aux mouvements des poissons » et des empoissonnages, » il y aurait vu, peut-être , beaucoup plus de poissons, de frai et d'industrie que des intérêts agricoles et hygiéniques tout à fait problématiques. — Si, surtout, cet honorable magistrat avait pu pénétrer le sens de l'étonnant article 4, ainsi conçu : « Dans le cas où la liquidation, propriétaire » des Launes, *maintiendrait les eaux* de cet étang *à* » *une hauteur telle* qu'il dût en *résulter la corrosion* des berges ou *des bords des terres situées au bord* ET AU MILIEU DE CET ÉTANG ; ou bien , pour ces mêmes » terres, *des difficultés d'accès plus grandes que par* » *le passé,* M. Digoin, pour ladite liquidation, s'oblige » à RÉDUIRE LE VOLUME DES EAUX dudit étang, ou *à* » *garantir* les terres dont il s'agit, et *à y faire des* » *accès suffisants* , le tout à ses frais », il ne l'aurait pas laissé passer. On y voit, non pas qu'il s'agit d'eaux nuisibles ou de drainage, mais *d'eaux industrielles pures,* dont *le volume et la hauteur dépendent de M. Digoin !!* Est-ce clair ? Cela seul suffisait, selon nous, pour proscrire à jamais le traité qui mentait à son étiquette, à son but d'amélioration prétendue des biens communaux et particuliers. — Que répondra-t-il ? Probablement rien... Et il avait *prévu* (cela n'était pas difficile) que les accès seraient rendus plus difficiles, que des dommages pourraient en résulter, qu'il

les réparerait !... — Que nous sommes loin des intérêts *agricoles* et *hygiéniques !* Que nous sommes loin
des intérêts de la commune ! — Malgré l'habileté
bien connue de M. le Maire, la vérité s'échappe de sa
bouche elle-même par suite de cette pression qu'on
subit, sans le vouloir, quand on s'est mis à la merci
d'une spéculation particulière.

En présence de ces faits, que vient faire, dans la
lutte, le décret antérieur du 19 août 1856 ? Point
d'équivoque ou de confusion, s'il vous plaît, Monsieur
le Maire ! Rappelons des dates qui ont leur mérite et
leur importance : nous lisons au *Bulletin des lois*
(décret du 19 août 1856), que, *les 12 et 15 février
1855*, les propriétaires des étangs salés et des terres
du bassin des Saintes-Maries ont fait une soumission
qui a été acceptée, relative à une digue intérieure
ayant pour objet de séparer le *Valcarès* des étangs du
littoral et à un canal traversant l'étang de *Ginès*, pour
jeter dans le Petit-Rhône les eaux du bassin des Saintes-Maries. Eh bien ! en février 1855, M. Digoin n'é-
tait pas maire, puisqu'il ne l'est devenu que le 14
juillet suivant. La soumission *acceptée*, dont il est
parlé, n'est signée et approuvée ni par le maire de
cette époque, ni par le conseil ; cette soumission est
l'œuvre du liquidateur, elle est la pensée et l'intérêt
unique de la liquidation. Et cette soumission, sans
enquête, sans instruction préliminaire, sans débat
contradictoire avec l'intérêt collectif et particulier,
est introduite, nous ne savons comment, dans le décret du 19 août sus-relaté. Ce dernier est, pour nous,
un *res inter alios acta ;* c'est une faculté dont la liqui-

dation ne pourra user que quand elle aura subi tous les contrôles. A qui la soumission des 12 et 15 février 1855 a-t-elle été *soumise* ?

Mais voici une bien autre confusion : le 3 avril 1856, M. Digoin étant maire, le conseil accueille, non la soumission de février 1855, mais le traité des 14 articles, approuvé par arrêté préfectoral du 19 février 1857 (V. page 15 de la réponse). C'est cet arrêté de 1857 qui forme le titre le plus élevé de M. le maire, et qui approuve les premières manifestations de volonté de la commune ; c'est en suite de cet arrêté de 1857 que les terrains ont été *gratuitement* concédés par le conseil municipal, qu'une enquête et une expertise ont eu lieu, qu'un plan et un mémoire estimatifs du canal ont été dressés, etc. Nous sommes, au point de vue de la discussion, sous l'influence de cet arrêté de 1857. Que vient donc nous dire M. le Maire, quand il nous parle d'un décret (celui du 19 août 1856), « *qui imprimait à ce travail* le caractère d'uti- » lité publique ? » — Ce fameux décret de 1856 *n'est pas même visé* par M. le Préfet dans le préambule de son arrêté de 1857 ! Qu'on lise plutôt les pages 13 et 14 de la réponse du *fonctionnaire public.*

Le décret du 19 août 1856 a répondu d'autant plus facilement à la double soumission qui était faite, qu'on a cru que cette soumission représentait à la fois, les vœux et les intérêts du bassin entier des Saintes-Maries. Et puis le décret ne préjuge rien, il laisse tout à la vérification, au contrôle, à l'examen, à l'étude. Il laisse debout tous nos griefs ; il n'autorise aucune expropriation. S'il y a eu prise de possession des terrains, c'est en vertu du traité du 3 avril 1856, approuvé le 19 février 1857 et non en vertu du décret du 19 août 1856 rendu à la demande et dans l'intérêt d'autres que celui des habitants de la commune.

Il nous semble que nous venons de jeter quelque lumière sur la portée des documents invoqués par M. le Maire, et qu'il n'est plus permis de les accepter avec l'autorité qu'il revendique pour eux. Il lui est moins permis encore d'entonner un chant de victoire et de s'écrier : que reste-t-il de la singulière argumentation de Soulès et consorts ? Que reste-t-il de tout cet échaffaudage de plaintes qu'ils ont eu le triste courage de produire devant l'opinion publique ?.... Ces grands mots produisent un écho sonore et voilà tout. — Nous répondrons modestement et respectueusement à M. le Maire : il en réste tout ce que vous n'avez pas détruit, — il en reste tout ce qui est debout : vous n'avez qu'à ouvrir les yeux et à ne pas être comme ceux desquels le psalmiste dit : *oculōs habent et non videbunt.* S'il en était ainsi, nous lui dirions avec le plus profond regret : tant pis pour vous !

VI.

(Suite.)

Titres de M. Digoin, maire, à la reconnaissance publique.

M. le Maire se plaint d'une façon amère de notre ingratitude. Nous avons, dit-il, appelé sur lui *les fou-*

dres de l'autorité souveraine.. M. le Maire se trompe : la foudre n'est invoquée que pour écraser des géants; et nous n'avons demandé au chef du pouvoir qu'une simple destitution , convaincus que nous sommes , que l'ordre et la tranquillité ne renaîtront qu'alors aux Saintes-Maries.

Pour signaler au mépris public *notre triste courage* , M. le maire énumère minutieusement tous les services qu'il a rendus à la commune. Nous sommes prêts à y applaudir , s'il dit vrai , malgré le peu de temps que nous avons à sacrifier aux choses oiseuses, au milieu des difficultés sérieuses qui nous sont suscitées. Cependant, comme le langage de M. le maire est un sanglant reproche, voyons si nous l'avons jamais mérité :

J'ai créé, dit-il en première ligne, des revenus nouveaux à la commune : M. le maire ne les indique pas. S'il a *créé* des revenus , chose dont nous le félicitons à tout hasard, il a aussi *créé* des dépenses d'un caractère véritablement unique pour une commune misérable comme la nôtre et ayant un maire aussi distingué, aussi habile et par cela même dispensé de beaucoup d'auxiliaires imposés par les nécessités des grandes villes. Voici le fait : un M. Franc, architecte, avait dressé le plan de la maison d'école ; l'auteur du plan quitta les Saintes-Maries avant l'exécution des travaux. Cela était indifférent et l'on pouvait parfaitement, les plan et devis à la main , se passer d'un architecte pendant la construction d'une pauvre maison d'école , dans une pauvre commune , n'ayant qu'un pauvre budget. C'est à la réception que le

maire et, surtout, un maire comme M. Digoin, aurait tout vérifié et reconnu : on ne l'aurait pas
trompé.

Au lieu de cela, M. Digoin, mu par un sentiment
qui nous met à nu ses entrailles de père, prend, le
25 novembre 1858, un arrêté dans lequel on lit ce qui
suit ; « Considérant, *qu'en ce moment*, *réside* dans
» la commune, pour y être *chargé d'études diverses*,
» M. Digoin *Charles*, ingénieur civil, pourvu d'un di-
» plôme comme ancien élève de l'école centrale et
» que, sur son acceptation, il y a *convenance* autant
» qu'*avantage pour la commune*, à lui confier cette
» mission, arrête : M. Charles Digoin est chargé de
» la direction, surveillance et réception, etc. — Et
sous la date du 31 juillet 1859, nous voyons un beau
petit mandat de *deux cents francs* délivré au profit de
M. l'ingénieur de la ville des Saintes-Maries. Ce seul
fait éprouve de quel côté était la *convenance et l'avantage*. La commune des Saintes-Maries ne se serait jamais doutée qu'elle dût avoir, un jour, un ingénieur
attitré. Il y a progrès sans doute ; mais, à coup sûr,
ce progrès n'est pas une *création de revenus* pour notre commune. Qu'en pense le père de M. Charles ?..

C'est le tour de la maison d'école « dont le besoin
» se fesait vivement sentir. » — Est-ce simplement
pour entasser des pierres que M. le maire a fait cette
onéreuse construction ? ou M. le maire se soucie-t-il
peu de l'instruction de ce *peuple sauvage* ? — Depuis
plus de deux ans, il n'y a pas d'instituteur !! Cela
vaut-il donc la peine d'en tirer vanité !...

M. le maire a fait combler des mares pestilentielles... — Cela n'est pas sérieux. Quelques journées d'homme ont abattu du sable dans des trous qui n'infectaient pas la millionième partie autant que le cloaque des Launes...

Et le cimetière, donc ! — Ah, M. le maire, permettez-nous de vous le dire, c'est la plus malheureuse de vos conceptions ! En transportant hors de la ville et tout près de celle-ci, dans un terrain sablonneux, le nouveau cimetière, vous avez fait, sans le vouloir, une chose tout à fait contraire à la salubrité publique. En effet, dans ce nouvel établissement — pardonnez-nous ce lugubre détail — on ne peut pas creuser une fosse à un mètre de profondeur, sans rencontrer l'eau salée. Nous ne vous rappellerons pas ce qui s'est passé, dernièrement, à l'enterrement de Mlle D..., que nous regrettons tous ; la fosse n'avait pas quatre-vingt-dix centimètres, le cercueil surnageait et il fallut recourir à de tristes précautions pour sa submersion... — Ce n'est rien encore : la nature du sol, la présence inévitable de l'eau salée à une si faible profondeur suspendent la fermentation putride, retardent la décomposition ; et lorsque règnent les vents d'Est et du Sud, des miasmes fétides remplissent la ville !... — Tandis que l'ancien cimetière, autour de l'église, avec son fond de terre, permettait de creuser à un mètre cinquante centimètres, sans rencontrer l'eau et dévorait plus vite ce qui lui était confié, sans aucun des inconvénients que vous exagérez tout au moins. — Vous avez donc fait, là, du progrès au rebours ; votre successeur y reviendra...

Nous avons vainement cherché le *canal de naviga-tion* dont parle M. le maire. Nous avouons que c'est un mythe pour nous. A moins que M. le maire ne veuille parler des caisses d'emprunt de la digue à la mer, des Saintes-Maries au Petit-Rhône... Ce doit être cela... Nous ne nous en serions jamais doutés ! Quelle bonne nouvelle! Nous allons être mis en communication avec Arles, Saint-Gilles, Beaucaire et tout le littoral du Rhône ! Nous ne sommes que de pauvres agriculteurs, des gardiens de rosses, des pêcheurs et des bergers ; n'importe. Nous n'en recevrons pas moins, par ce canal, quand il existera, tous les produits du commerce, de l'industrie et de l'agriculture, voire même toutes les denrées coloniales par navires de quatre à cinq cents tonneaux. Ce sera curieux et très-agréable pour nous autres *Santains.* — Il faut y ajouter aussitôt un chemin de fer se reliant à celui de la Méditerranée, et voilà les Saintes-Maries aux portes de Paris ! — Trève de plaisanterie ! il n'y a point de canal; il n'y a qu'un fossé qui se remplit chaque jour de sable. Pour éviter cet accident, il lui faudrait des berges qu'il n'a pas. — Ensuite, un canal mettant en communication avec le Petit-Rhône constituerait une dépense de fantaisie, sans but, sans profit, sans avenir. Pour qu'il en fût autrement, il faudrait qu'il y eût un commerce aux Saintes-Maries et il n'y en a pas. Tout celui qui s'y fait n'occuperait pas deux mulets par jour et par terre. Il en serait autrement, si le bas Petit-Rhône était converti en port de refuge : mais ce n'est pas de cela que M. le Maire veut parler. — Qu'il remette

donc en portefeuille son canal de navigation, pour en
soulager son imagination, où il a résidé jusqu'à ce
jour.

M. le Maire a fait construire des cabines pour les bai-
gneurs... C'est vrai. Il y en a deux, de quatre mètres
carrés en planches de Bourgogne, lorsqu'il devrait y
en avoir dix et plus. Le 10 juillet courant, on ne les
avait pas encore sorties... Y a-t-il de quoi crier ? et
dans quel état sont-elles !...

Quant à notre église monumentale, M. le Maire
n'y a rien fait. Plut à Dieu qu'il y fît les réparations
urgentes de la tour ! Nous doutons qu'il s'en occupe
de sitôt.

Nous ne répondons pas au pavage ; on le jugera
quand on viendra nous visiter, surtout si c'est un jour
de pluie...

Et c'est pour tout cela que M. le Maire voudrait que
nous déclarassions qu'il a bien mérité de notre pays !
— Nous ne sommes certes, ni ingrats, ni avares de
notre encens. Nous serions prêts à dire à nos en-
fants : tressez des guirlandes et des couronnes de fleurs
pour le chef de notre édilité, si son multiple courroux ne s'était pas déchaîné contre nous... Si nous ne
pouvons et ne devons lui refuser nos respects, nous
ne lui donnons pas notre amour.

Sur ce, nous avons l'honneur de présenter nos
hommages à M. le Maire avec lequel nous en avons
fini, pour retourner à la lutte entre le liquidateur et
nous.

VII.

Débats avec la liquidation : premières plaintes.

Le liquidateur nous apprend qu'aussitôt que son canal fut établi, *Soulès et consorts commencèrent leurs tracasseries* (p. 22); qu'ils n'étaient que deux au début et qu'aujourd'hui ils ont grossi leur nombre.

Il ajoute : « Ils prétendirent, en 1859, *(Ibid)* que » ce canal servait non à évacuer, mais à introduire » des eaux : l'autorité fit bientôt justice de cette allé- » gation. »

Dès le premier jour, nous avons été aussi nombreux que nous le sommes aujourd'hui. Si, pendant le travail, nos murmures ont été étouffés, il ne pouvait plus en être ainsi quand ses funestes conséquences se sont révélées à nos yeux. Deux seulement ont signé notre plainte, du 3 juillet 1859, à M. le Préfet, et ils étaient les interprètes non seulement de ceux qui se montrent aujourd'hui, mais encore d'un bien plus grand nombre que divers motifs tiennent à l'écart.

A cette première plainte du 3 juillet, M. le Préfet a répondu le 6 septembre suivant. Nous avons donné copie *in extenso* de cette réponse dans notre premier mémoire, p. 33 et 34.

Le liquidateur a le plus grand tort de dire, dans son factum « que l'autorité eut bientôt fait justice de nos allégations. Il lui fait injure en présence de son langage qu'il connaît et de ses intentions. L'autorité veut le bien, et elle cherche à le produire. Si elle n'atteint pas toujours ce but, c'est moins sa faute que celle des subalternes qu'elle emploie qui , par ignorance, inhabileté ou autre cause , lui donnent des renseignement erronés.

M. le Préfet reconnaissait , en principe, que le batillage causait des dégradations ; mais il les représentait , sous la foi d'un juge incompétent, comme sans importance. Ce magistrat reconnaissait également que l'émissaire de *Pavellas* fonctionnait en sens inverse de sa destination, et il menaçait le liquidateur de la loi du 29 floréal, an X. — Donc, sans s'expliquer sur la cause première du mal et pour laquelle nous ne cesserons de demander le comblement du canal des *Launes*, M. le Préfet entrevoyait la vérité. Il ne fallait qu'un peu plus d'exactitude dans les rapports qui lui étaient faits, pour qu'il la vît toute entière et nous accordât la justice que nous poursuivons. Il allait même (qu'on lise cette lettre, page 33), jusqu'à nous rappeler que nous avions le droit *de réclamer des indemnités à M. Digoin*. —Tout cela est loin de ressembler à la manière leste dont le liquidateur traite notre première plainte et ses suites.

Si la lettre du 6 septembre 1859 était un commencement de satisfaction , elle n'était point une réparation. Le mal n'était point atteint dans sa racine; il continuait de se développer de la manière la plus affligeante , par la submersion *normale* de nos terrons. Ce caractère d'inondation continue , volontaire, calculée par le liquidateur, devait accroître nos alarmes; et, peu de temps après, sans que nous en ayons conservé la date sur le projet, nous adressâmes une deuxième plainte non moins énergique que la première à M. le Préfet. Nous ne la transcrivons pas ici, afin d'enlever à la discussion toute personnalité, toute aigreur ; il nous suffit de la mentionner comme témoignage de l'insistance du mal et de nos protestations. — Cette seconde plainte, si rapprochée de la première , ne parut sans doute pas à M. le Préfet mériter une autre solution que celle-ci ; et l'on ne nous répondit pas.

VIII.

(Suite.)

Nouvelle forme donnée à nos plaintes.

M. le Préfet nous avait dit, dans sa lettre du 6 septembre sus-relatée, que ceux qui souffraient pouvaient réclamer des indemnités à M. Digoin. Quoique nous ne connûssions pas, comme aujourd'hui, l'art. 4 du traité du 3 avril 1856, que nous avons rappelé plus haut, cependant, sur la parole du chef de l'administration départementale et sans recourir à d'autres conseils, nous prîmes le parti de faire dresser des procès-verbaux par les gardes-champêtres de la commune. — On comprend de suite que n'ayant , pour nous conduire, que notre ignorance des formes, avec bien d'autres que le liquidateur nous reproche si peu charitablement, privés de la direction de tout homme

intelligent, les gardes et nous, nous avons fait ce
que nous avons pu. On ne doit donc pas s'attendre à
la perfection, au relevé complet de nos griefs, à une
constatation comme celle qui aurait été faite par un
homme d'affaires instruit de tout ce qu'il fallait connaître. C'est ainsi que, le 28 novembre, nous faisons
verbaliser contre Vernet, fermier de M. de Séguier,
qui, par sa roubine dite de *Sibaud*, jetait des eaux
dans l'étang des Launes ; et Vernet s'excuse et arrête l'écoulage : il reconnaissait son tort. — Le 12
février suivant, nous faisons constater par les mêmes
gardes, l'inondation du territoire de la *deuxième zône*,
les causes de cette inondation, la fermeture du canal
des *Cinq-Gorgues* et l'élévation des eaux de l'étang de
Consécanière de *trente-cinq* centimètres DE PLUS que
les eaux de *Malagroy*, sur le mélange des eaux pa-
ludéennes aux eaux potables, etc., etc. Cela fait, les
gardes vont trouver M. Digoin, qui répond au pied
du procès-verbal ce qui suit : « les canaux, roubines,
» communications d'eaux énoncés dans votre procès-
» verbal, *sont des dépendances* des étangs et pêche-
» ries du château Davignon, dont *personne autre que*
» *les propriétaires de cette terre, n'ont le droit deré-*
» *gler le fonctionnement et l'administration*. Ainsi,
» les *démarches* et prétentions des requérants sont
» DES ATTENTATS au droit de propriété, contre les-
» quels il proteste et se réserve de se pourvoir. Qu'au
» surplus, l'état d'intumescence des eaux dans ces
» parties tient à *deux causes de force majeure*, la
» première, les grandes et longues pluies de janvier ;
» la deuxième, *l'ouragan boréal* qui règne depuis

» cinq jours et qui pousse en aval les *eaux zénithales*
» dont la Camargue est actuellement couverte. » —
Un second procès-verbal sur des faits analogues est
dressé le même jour ; inutile de l'analyser. — Enfin ,
le 8 mars dernier , après avoir remarqué que nous
étions non seulement inondés par le grand canal du
château , la Balarine et la Fadaise , tous les écoulages dans la première zône étant fermés, mais encore
par la martellière de *Pavellas* , c'est-à-dire par le canal émissaire lui-même , nous nous décidâmes à re-
quérir les gardes de constater que les eaux du petit
Rhône entraient en aval par l'endroit même qui devait leur servir d'issue. Cette constatation qui n'était
que l'établissement d'un fait dont nous étions chaque
jour les témoins , a été faite d'une manière décisive ; nous l'aurions fait établir 50 et 100 jours de
suite, si les procès-verbaux n'avaient pas coûté si
cher : le coût de l'un des précédents a dépassé 26 fr.
et cela était trop onéreux pour nous. Mais le fait est
si patent, si notoire, si attaché aux lieux, si innia-
ble , que nous pouvions parfaitement nous en passer.
Il a fallu tout le courage du liquidateur pour oser
mettre un tel fait, un instant , en doute ; et lorsque
ce doute, révélant la négation la plus complète, nous
avons voulu confondre notre adversaire , c'est alors
que le liquidateur se changeant immédiatement en
fonctionnaire public , a défendu aux gardes de nous
obéir , malgré les vives insistances que nous rappor-
tons dans notre premier mémoire , pages 35 et suivantes. — Le fait constaté le 8 mars dernier est,
d'ailleurs , indépendamment de toute autre circons-

tance , tellement concevable, qu'il est plus naturel et qu'il saute aux yeux du moins clairvoyant ; la pente , l'adversaire le reconnaît, est insensible dans la région qui nous occupe. Les eaux introduites ;par toutes les roubines du château , non pour arroser, mais pour alimenter les pêcheries, n'ont pas besoin de l'être jusqu'à ce que les martellières d'introduction refusent de recevoir. Avant d'en arriver à ce point , les étangs et les marais ont plus d'eau qu'il n'en faut pour quelque but que ce soit. Les eaux ainsi introduites se nivellent. Par suite de ce nivellement d'eau , *Consécanière, Ginès* et les *Launes* n'ont plus de pente entre eux. Cependant ces étangs avec tous leurs intermédiaires de moindre importance ne sont pas pleins , c'est-à-dire n'ont pas un niveau d'eau égal au niveau du fleuve qui a donné ces eaux ; la différence entre leur hauteur d'eau et le niveau des eaux du fleuve est d'autant plus considérable que les eaux du Rhône sont plus élevées. Cette différence donne la clef du problème que le bon sens, l'expérience et la vue des lieux donnent au premier abord, aux hommes les plus simples qui ne s'appellent ni piqueurs, ni conducteurs plus ou moins hydrauliques...—Or, si cette différence est grande, elle est supérieure, le plus souvent, à la pente qu'il y a des prises à l'émissaire. En tenant compte de cette pente, il reste , dans le lit du fleuve, au-dessus du nivellement acquis par les étangs, une couche d'eau qui est très-supérieure à ce nivellement intérieur et qui fait que la martellière de *Pavellas* , ouverte , les eaux du Rhône *tombent* dans les Launes au lieu d'en sortir. Cela est clair. Voilà de la vérité et du bon sens qui, selon nous, valent mieux que le savoir problématique de certaines gens attachés au service hydraulique : on nous pardonnera cette utile digression.

Armés de ces procès-verbaux, nous avons cité le liquidateur par devant M. le juge de paix des Saintes-Maries pour dommages faits aux champs, fruits et récoltes. Cela paraissait tout naturel et légal. Nous avons cité le 12 mars dernier, plaidé le 22 et reçu jugement le 29 du même mois. — M. le juge de paix s'est déclaré incompétent. A-t-il ou non raison ? Nous le verrons plus tard. Bornons-nous à observer qu'un jugement d'incompétence ne finit rien, qu'il laisse tout et debout que si le juge s'est, selon nous, trompé dans certaines de ses appréciations, il y a quelques bonnes choses à retenir dans sa décision. Le fonds entier reste à juger dans le sens de l'incompétence. Il n'y a donc rien de perdu.

Le liquidateur, page 22 de son factum, nous fait un crime de ne pas avoir encore saisi les tribunaux civils ordinaires. Nous lui dirons de garder toute sa sollicitude pour lui. Si notre droit sommeille, il n'est pas mort. Il se réveillera à temps, malgré les souffrances que nous inflige son absence. Notre situation est loin d'être ordinaire. Abandonnés par notre ancien chef, privés de toute lumière, marchant à tâtons, pour ne pas dire à l'aventure jusqu'au 22 mars et, à cette dernière époque, assistés d'un conseil que nous n'avions pas pu instruire complètement de notre grave position, il est facile de supposer que non seulement les armes n'étaient pas égales entre nous et le liquidateur, mais que ce dernier avait des avantages qu'il puisait ailleurs que dans son éloquence, toute brillante qu'elle est. En effet, notre conseil connaissait mal les lieux ; il n'avait pu étudier ni l'économie des eaux du château, ni ses écoulages; il ne savait pas que les vastes récipients de *Malagroy*, de l'*Impérial* et du *Valcarès* mis en communication avec la deuxième zône par les *Cinq-Gorgues*, non seulement suffisaient à écouler, mais étaient les seuls écoulages à invoquer ; que la *Balarine* et une dérivation importante du grand canal du château se jetaient dans *Consécanière* et de ce dernier étang directement dans *Malagroy* ; que la *Pigeonnière* et le grand canal se jetaient directement dans le Valcarès sans droit d'écoulage ailleurs. Il ignorait les fameuses délibérations des 10 mai et 26 juin 1852 et toute leur portée ; il ne savait pas le premier mot de la délibération de 1856 et du traité du 3 avril, ainsi que des moyens qui les avaient préparés. Il ne savait qu'à demi l'histoire du frai du Rhône et du poisson. Il n'avait pas deviné le drainage et les irrigations combinés du liquidateur, etc., etc. Que de choses lui restaient encore à savoir !

Mais ce qui a jeté sur notre situation une première et vive lumière, c'est le débat oral devant le juge de paix. Là, le liquidateur, avec cette verve qu'on lui connait, avec cette connaissance parfaite de *son terrain*, avec ces fugues d'autant plus heureuses que le champ était plus vaste à parcourir, s'agitait à l'aise en présence de toute la population rassemblée. Il aurait fallu le voir, après deux heures d'une bouillante discussion, jugeant de l'ascendant qu'il espérait avoir conquis, tourner fièrement la tête vers son auditoire et le mesurant du regard , faire éclater, comme Mirabeau , ces foudroyantes paroles : « Vous n'avez » pas le droit de vous mêler de mes étangs , de mes » poissons, pas plus que de l'eau que j'envoie dans les » Launes ! Votre conduite sauvage est un attentat à » mon droit de propriété !! »

Le langage du liquidateur n'est plus tout à fait aussi fier aujourd'hui. Tout en se plaignant de retards que nous abrégerons autant qu'il sera en nous , il se borne à nous gourmander de ce que nous n'avons pas fait constater les dommages par nous articulés. A cela nous lui répondons que le reproche n'est pas sérieux. — M. le Juge de paix en a dit à peu près autant dans les motifs de son jugement et nous lui répondons, à son tour : la présence des eaux était visible et certaine ; l'*ouragan boréal* existait ou avait existé , on le reconnaît, dans toute sa fureur ; les lieux étaient inaccessibles et une vérification impossible au moment des procès-verbaux. Ensuite tout le monde reconnaît que le battillage dissout le sable qui forme la couche inférieure des *terrons* et que, lorsque le sable tombe et ne soutient plus la couche de terre végétale supérieure , celle-ci est entraînée et est perdue pour la culture. De là, dégradations considérables qui, au bout de moins de dix ans, si les lieux n'étaient pas rendus à leur ancien état par le comblement du canal, entraîneraient la perte de tous les terrons. —Qu'y avait-il à faire avec un peu de bonne volonté ? Nommer des experts qui, les eaux s'étant retirées ou plutôt l'étang s'étant desséché par évaporation, auraient constaté toutes les dégradations articulées, en auraient apprécié la valeur, sans préjudice de tous droits à exercer pour obtenir l'extinction ultérieure de la cause du mal.

Ce que M. le Juge de paix n'a pas fait, le liquidateur a voulu l'exécuter en sens inverse, en dehors de toute décision judiciaire. Il a provoqué un référé le 14 juin dernier, à l'effet de constater non les dégradations de nos terrons, mais la beauté de nos récoltes ! — Nous avons répondu à cette étrange mesure par deux actes extra-judiciaires du 16, de manière à lui faire comprendre que nous ne donnions pas dans un tel piége et pourquoi.

Le jugement d'incompétence du 29 mars dernier, laisse nos droits entiers. Nous ne tarderons pas à les poursuivre devant qui il appartiendra. Nous changerons encore notre forme de procéder s'il le faut. Nous remuerons jusqu'à ce que nous ayons rencontré le chemin qui doit nous conduire au redressement des torts graves dont nous nous plaignons. Le malade qui souffre se retourne jusqu'à ce qu'il ait trouvé le bon côté...

<h2 style="text-align:center">IX.</h2>

Notre moralité mise en présence de celle du liquidateur.

Il n'est pas facile de suivre les idées du liquidateur. Son *factum* fait l'effet d'une mosaïque de toutes couleurs, assez singulièrement assorties. Il semblerait que plusieurs mains ont remué cette pâte mal délayée. A la clarté douteuse de certaines déductions, à l'incorrection de certains passages, à la confusion qui règne à peu près partout, on dirait une tunique de plusieurs pièces neuves et vieilles, bien et mal cousues, qui repoussent la pensée d'ensemble, l'œuvre d'une intelligence aussi bien organisée que celle de l'adversaire. On se prendrait aussi à croire qu'on a spéculé sur la confusion pour nous embarrasser dans nos réponses. Notre jugement est peut-être injuste ; nous ne faisons que traduire le sentiment que sa lecture a excité en nous. Peut-être n'est-ce qu'une difficulté originelle de notre part à bien comprendre. Ce qu'il y a de certain, c'est qu'il nous donne une peine extrême à grouper logiquement toutes les accusations formulées contre nous.

Cependant, nous devons avouer que cette peine n'a point eu lieu de notre part pour retrouver les injures dont nous sommes abreuvés. Le liquidateur en a mis partout ! Nous ne sommes pas seulement des libellistes, des diffamateurs, des insulteurs, mais encore des hommes de la plus insigne mauvaise foi, etc., etc !...

Un procès est un duel, mais un duel où la courtoisie est d'aussi bonne recette qu'ailleurs. N'en avons-nous pas donné l'exemple à l'adversaire ? Il a bien pu nous lâcher de gros mots, mais il lui a été impossible de citer un fait inexact ou un document supposé. Cela ne l'a pas empêché de déposer contre nous et notre conseil, au parquet de Tarascon, une plainte en diffamation !... Mais ne parlons pas encore de cela.

Ecoutons ses sanglantes apostrophes :

« Les archives du château Davignon fourmillent de
» pièces établissant les tentatives d'usurpation , les
» délits , les contraventions contre lesquelles les
» propriétaires de cette terre ont eu à lutter!... » —
Nous avons , c'est-à-dire divers habitants autres que
nous , ont pêché en octobre 1848 dans la misérable
roubine de la Fourcade ; et, le 8 novembre, 11 individus ont été condamnés, le liquidateur ne dit pas à quoi.

Le liquidateur s'indigne que le maire de la commune ait demandé l'autorisation de plaider pour
la propriété de cette pêcherie « qui avait été l'objet
» d'un attentat aussi inoui ! » — Continuons : « APRÉS
» CELA , qu'on s'étonne de trouver dans l'écrit au-
» quel nous répondons, des attaques contre l'admi-
» nistration *dévouée* et *honnête qui préside* actuelle-
» ment aux destinées communales, qu'on s'étonne
» surtout de ce désir que manifestent les sieurs Sou-
» lès et consorts de voir s'asseoir au milieu d'eux une
» municipalité nouvelle, *animée des fécondes inspi-*
» *rations de son aînée*, celle qui dirigeait les choses
» communales en 1848 ! »

Et pour que rien ne manque aux diatribes échevelées du liquidateur, celui-ci a soin d'ajouter aussitôt :
« Ce sont ces tendances presque *sauvages*, méconnais-
» sant la loi, le droit, l'équité et *tout ce qui est l'âme*
» *de la civilisation*, que M. Poulle, dans son travail
» sur les améliorations de la Camargue , a si verte-
» ment flagellées !!... »

En lisant ces phrases tristement sonores, ne dirait-
on pas que la commune des Saintes-Maries est, non

pas un nid, mais un repaire de brigands ! Ne dirait-on pas que ces sauvages, ennemis de toute civilisation, guettaient 1848 pour piller, voler leurs voisins, dévaster et détruire ; — que ces *partageux*, lie du plus crapuleux socialisme, sont tombés comme des loups affamés sur les propriétés du Château et ont tout emporté !!

— Et tout ce tapage infernal du liquidateur, pourquoi ? Pour avoir, *un instant*, exercé la pêche, dans une roubine, *communale*, d'après les délinquants et d'après *la commune*, fait qui a donné lieu, contre les brigands, à une amende de quelque *cinq francs* !..

— Liquidateur, la colère vous aveugle ; dans votre fureur, vous n'y voyez plus.

Nous vous répondrons avec plus de calme et de vérité. Nous n'avons pas d'intérêt à tromper l'autorité. Nous ne spéculons pas sur des déclamations injurieuses et mensongères. Aussi, puisque vous nous calomniez, vous nous permettrez de vous faire regretter amèrement la coupable voie dans laquelle vous êtes entré.

Et d'abord, liquidateur, il y a quelqu'un qui en sait plus long que vous sur notre moralité ; c'est le parquet de Tarascon. Allez y fouiller le casier judiciaire et vous verrez si notre population y figure, pour crimes ou délits, dans une proportion égale à celle de n'importe quelle commune de France, même de celle où vous êtes né, quoique nous ne la connaissions pas.

Sous le rapport de notre caractère, de nos habitudes, de nos mœurs, il n'y a pas bien longtemps qu'un savant voyageur qui a été hébergé par vous, —

M. Joseph Bard, retraçait tout ce que nous sommes ; et cela s'écrivait dans votre château et comme sous vos yeux... Sans vouloir nous flatter, ce qui nous distingue, c'est l'amour du travail, l'activité dont nous avons besoin ; c'est notre ardeur à exploiter péniblement toutes les misérables ressources de notre ingrat territoire ; ce qui se remarque encore le mieux parmi nous ; c'est notre obéissance à l'autorité, notre respect pour elle ; c'est plus encore notre respect pour le droit et la propriété de chacun. En pouvez-vous dire autant, vous qui jetez à la face d'une population tranquille et honnête, des accusations comme celles que nous avons rapportées ! Nous allons le voir :

La scène se passe, non en 1848, mais *dix ans après*, à une époque, par conséquent, où les passions mauvaises, socialistes, *sauvages*, selon votre pittoresque expression, doivent être radoucies, calmées...— Une grande et honorable propriétaire est attaquée par vous, au possessoire, vous triomphez ! Témoin le jugement du 9 décembre 1858. — On vous mène à Tarascon, et votre possession triomphe encore! — Il s'agissait, non pas d'un acte de pêcherie ayant procuré cinquante centimes de poisson, comme dans la Fourcade, mais d'une superficie bien claire et bien ronde de CENT CINQUANTE-QUATRE HECTARES TRENTE-UN ARES VINGT-SIX CENTIARES, sous le n° 186 du plan cadastral !! — Et vous revendiquez la possession, et vous vous faisiez continuer en possession d'une contenance *vendue par la Société agricole, le 10 juin 1839, acte notaire Martin !!* Et cet acte devait être dans vos archives et, peut-être, dans vos mains !! Et vous plaidiez !!! — Menacé d'une action pétitoire, qui ne pouvait pas être douteuse, vous avez transigé fin juin dernier : *nous avons lu* cet acte signé Levat, mandataire de Blagmüller, liquidateur de la Société Lichsteinstein-Wesphul et Comp^e, Levat, mandataire d'Henri Merle, Digoin, administrateur de la terre du château Davignon, et comtesse de Montlaur. Vous avez ainsi restitué, un peu malgré vous, n'est-ce pas ? De quel côté, nous vous le demandons, sont les *sauvages*, les usurpateurs et les socialistes ?... Continuons :

Il y a deux ans, M. Féraud, propriétaire de *Carrelet*, ranime une instance, relative à des dégradations et des usurpations très-importantes. Vous opposez la péremption de l'instance et surtout cette peu honnête patronne du genre humain, la prescription ? Et vous réussissez ! Le moyen était légal ; mais, comme l'a dit Viennet, c'est une légalité qui tue....

Il y a un an, environ, vous prenez au collet l'un des plus honnêtes de nos agriculteurs, — Yonnet (Joseph) — chargeant une marchandise qu'il avait loyalement achetée, payée et dont il avait la quittance dans la poche, et vous l'appelez : voleur ! — N'y en a-t-il pas d'autres !... Qu'on le demande plutôt à MM. Eugène Boussot et Plauchut-de-la-Cassaigne...

Et c'est vous, Monsieur, vous qui vouliez garder 150 hectares, malgré un acte notarié, qui auriez le droit de nous insulter !!! Serait-ce donc puisque vous *possédez* à vous seul, comme liquidateur, *vingt-trois mille hectares* que vous auriez le droit de jeter impunément de la boue au visage d'honnêtes gens?

Assez, Monsieur, sur ce point ! vous avez été non seulement imprudent, mais coupable. Malgré l'étrangeté de votre conduite, nous nous contenterons de la déférer au jugement public : ce sera la seule satisfaction que nous demanderons de vos diffamations et de vos déplorables injures.

X.

Divagations du liquidateur.

Aux fureurs succèdent les divagations ; c'est la logique des crises et des affaissements qui en sont l'inévitable suite.

Le liquidateur nous jette donc à tort et à travers une foule d'incohérences qui ne commencent et ne finissent rien. Ce sont des fantaisies à mourir debout, des calculs sur des données fantastiques ou imaginaires, des inexactitudes, pour ne pas dire des faussetés, présentées avec un sang-froid imperturbable et vraiment désolant.

Puisque nous en sommes réduits à glaner, prenons au hasard et démontrons l'inanité des soutiens des prétentions du liquidateur.

Commençons, si l'on veut, par la page 23 : La liquidation, dit-il, a placé un cygadier à ses frais parce que la commune n'avait aucuns fonds pour une telle dépense. « Elle a, d'ailleurs, le plus grand et le plus

» réel intérêt au bon fonctionnement de cet évacua-
» teur... Jamais son eygadier n'a été surpris en dé-
» faut. » — Nous répondons que la commune vous
sait très-peu de gré de votre générosité. Personne
n'aurait reculé devant la dépense d'un eygadier s'il
avait été proposé. Et quand vous trouviez dans le
budget des fonds pour payer des honoraires à votre
fils, il est évident qu'on en aurait rencontré six fois
plus qu'il n'en aurait fallu pour une aussi importante
fonction ; mais cela n'aurait pas atteint votre but. Il
vous fallait un canal à vous, pour vous, à l'exclusion
de tous autres, — un canal qui n'écoulât pas, un
canal qui reçût toujours et ne rendît jamais, un canal
à double entrée et sans sortie, un canal non pour
dessécher ou évacuer un trop plein accidentel, mais
un canal poissonnifère, et ce, au mépris de tous les
droits et de toutes les protections acquises. Et quand
vous osez avancer que « jamais votre eygadier n'a été
» surpris en faute », vous êtes en contradiction avec
les procès-verbaux, avec la notoriété publique, avec le
témoignage de tous !... Ce n'est point votre eygadier
qui a été surpris en faute, mais votre canal lui-même,
fonctionnant presque toujours et notamment pendant
les vents d'Est et du Sud, en sens inverse de sa destination. — Celui qui est en faute, c'est vous, qui
vous êtes opposé à la dresse des procès-verbaux qui
auraient constaté la presque continuité de l'état de
choses dont nous venons de parler, — c'est vous qui
avez disposé à la maisonnette de cet eygadier une
échelle de laquelle il s'assure si quelqu'un s'appro-
che pour fermer, en cas de visite, la martelière, et

la relever ensuite quand l'intéressé s'est retiré. Nous ne comprenons véritablement pas que vous ayez le courage de nous dire que nous « *n'administrons pas* » *la preuve de ce fait;* que notre allégation est » étrange (p. 25) » et que vous ajoutiez , à l'appui de telles dénégations , que si les choses se passaient ainsi que nous le prétendons « vous tueriez toute » végétation et que les eaux , entrant ainsi , feraient » fuir le poisson de vos réservoirs intérieurs pour re- » gagner la mer...» — Le liquidateur s'est fait un système démenti par tous les documents , par tous les faits , par toutes les constatations , par la nature des lieux ; cela n'y fait rien. Il vous dira toujours à satiété : cela n'est pas vrai ; ce sont des allégations , etc. Que voulez-vous répondre à cela ? Le liquidateur s'amuse volontiers , parce qu'il y trouve son compte , à tourner dans son cercle vicieux et favori ; mais nous espérons bien qu'il ne trompera que lui-même. Il y a trop de droiture , d'intelligence , de moralité et de savoir ; — il y a une connaissance des lieux , des cho- ses , des intérêts , des personnes , de toutes les situa- tions , enfin , trop profonde , pour que le liquidateur puisse en imposer par son assurance , par ses affirma- tions hardies et continues , et triompher dans des cal- culs que des ténèbres ont pu couvrir , mais que la lumière éclaire et couvre aujourd'hui de la confusion qui doit les couronner.

Autre divagation (page 29) : Le liquidateur nous reproche de vouloir deux choses inconciliables. Il nous fait dire que : d'un côté , nous voulons l'abaissement du niveau des étangs de Consécanière et autres et que ,

» de l'autre, nous repoussons le canal d'évacuation.»
Et, cela dit, le liquidateur s'écrie dans sa joie : « Si ,
» enfin, les *libellistes* persistent dans de si *étranges*
» prétentions, qu'ils saisissent la justice ! »

Qu'y a t-il de plus raisonnable et de plus juste que
de demander que le liquidateur ne gonfle pas ses
étangs pour ne pas avoir l'occasion de nous faire supporter les eaux qu'ils ne peuvent pas contenir? Qu'y
a-t-il de plus sensé que de lui dire, comme nous le lui
répétons : mettez de l'eau dans vos étangs, du frai,
du poisson tant que vous voudrez , mais à une condition essentielle , c'est que vous ne nous ferez pas de
mal ; — c'est que vous ne revendiquerez aucun droit
d'en faire, vous ne vous prévaudrez d'aucune servitude soit naturelle, soit conventionnelle qui n'existent
pas. En un mot, faites chez vous ce que vous voudrez,
mais *rien que chez vous* , et ne venez nous faire supporter ni vos caprices, ni les conséquences funestes
de vos calculs.

Qu'est-ce qu'un tel langage a d'inconciliable avec la
seconde partie de votre dilemne , ou plutôt, qu'est-
ce que la seconde partie a de commun avec la première? Dans la première, vous êtes chez vous et vous
devez y rester, muré par le droit. — Dans la seconde ,
vous êtes chez nous par votre canal, sans droit et
contre tous les droits. — Et quand, pour nous mettre
en contradiction, vous appellez ce canal : *canal
d'évacuation*, vous n'êtes plus sérieux, puisque votre
canal n'évacue rien.

Que voulez-vous que nous répondions, maintenant,
à votre savante théorie des poissons (page 24) ? La

plus belle , la plus magnifique des théories pisciculturales n'efface pas un fait , des faits continus , attachés au sol , créant fatalement la loi des niveaux relatifs, du Petit-Rhône à l'étang des Launes , — niveaux si fréquemment modifiés par l'influence des vents dont nous avons déjà parlé et qui produisent les fatals résultats que vous ne détruirez jamais.

Mais, d'après le liquidateur, le canal *évacue !*.. Et, ici, nous ne rencontrons pas la moins curieuse des divagations de l'adversaire. Il vous fait un compte, par heures, minutes et secondes , du 24 février 1860 au 8 juin dernier, duquel il résulterait que pendant cet intervalle de temps, le canal des Launes aurait évacué pendant 789 heures! Et croyez cela, parceque le liquidateur l'affirme!! — Quant à nous, *nous n'en croyons pas un mot* ! Que le liquidateur ne se scandalise pas de notre répulsion. Le livre de son eygadier, si livre il y a , ne nous offre aucun caractère d'authenticité et de garantie quelconque. C'est, pour nous, un travail fait à plaisir, un véritable chiffon de papier. Et à quel titre le liquidateur voudrait-il nous faire accepter un document qu'il s'est fait à lui-même ? Quelle confiance le liquidateur peut-il nous inspirer ? Et si , à notre tour , nous lui disions que nous avons, *sur un livre ou registre* , la preuve que le canal non seulement n'a pas évacué pendant les 789 heures digoiniennes , mais encore qu'il a par année, *reçu* pendant huit mille heures , qu'en dirait-il ? Mais nous gardons notre petit livre et nous nous en tenons à la constatation de nos procès-verbaux, enrichie des refus du maire , à l'état des lieux , à la notoriété de tous ainsi que nous l'avons déjà dit.

Nous ne voulons pas, *pour cette divagation particulière* , nous contenter de dire , que nous repoussons
avec dédain le titre que le liquidateur a pu se faire
lui même et à huis-clos; nous voulons encore lui donner un de ces démentis qui ne laissent après eux aucune réplique. Nous en puisons les éléments dans le
beau travail de M. Surell , relatif aux embouchures
du Rhône, pages 41, 118 et suivantes.On y voit que,
pendant huit mois , étudiés spécialement et avec un
soin rare , pour juger de l'influence des vents sur le
projet d'amélioration si savamment élaboré par lui, il
a reconnu et constaté que le *vent du nord* avait exclusivement régné pendant cette période , *cinquante-trois
jours* , sur 240 ! Cela est authentique et un peu plus
sûr que le petit livre de l'eygadier du liquidateur , au
moins nous le croyons.

Or , il est constant et nous l'admettons que lorsque
le vent du nord règne, les eaux coulent plus rapidement dans le petit bras du Rhône qui , vers ses embouchures , tend à se niveler avec la mer. Sous l'influence de ce vent, il y a dépression de niveau des
eaux du Rhône et cette dépression peut , accidentellement, abaisser le niveau du Rhône à celui des
étangs inférieurs ; mais c'est une exception fort rare ;
c'est, comme nous le répétons , un accident.

Mais lorsque les vents, autres que le nord règnent ,
comme l'Est et le Sud, par exemple, il y a refoulement
des eaux du fleuve à son embouchure, et la différence qu'il y a entre le niveau créé par ce refoulement et l'état précédent est de quinze à vingt centimètres. Ce qui fait que les eaux introduites , comme

nous l'avons dit précédemment , article VIII , — arrivant à l'étang des Launes, au lieu de rencontrer un émissaire dans la martellière de *Pavellas*, trouvent une barre. C'est plus qu'une barre , c'est une eau supérieure aux Launes et qui s'élance avec plus ou moins de rapidité dans celles-ci. Et cela n'arrive pas *par hasard* ; mais c'est la loi commune du canal , puisque l'on voit que sur 240 jours , on en compte 187 qui accusent de tels résultats. — Mais le liquidateur le reconnait implicitement lui-même dans son compte renfermant , si nous ne nous trompons , une période de 2,496 heures, il n'y en aurait que 789 d'affectées à l'écoulage et 1797 aux rêveries de l'eygadier ! — Et les petits poissons , donc !... Le liquidateur aurait-il eu *le courage* de leur fermer ses entrailles !...

Uno avulso non deficit alter... Nous allons changer de tableau ; ce ne sont plus des heures que le liquidateur nous donne à compter , mais un tableau d'introduction et d'évaporation , page 33 du *factum*, où il invoque des appréciations et des témoignages qui tournent précisément contre lui , en forçant à reconnaître que lorsque MM. Surel et Montricher, en parlant d'évaporation et d'arrosage, n'étaient nullement en présence de faits de la nature de ceux que le liquidateur a créés, et qu'il veut faire approuver comme conformes à des règles qui lui sont étrangères.

Rendons plus qu'évidentes les déplorables erreurs — c'est le mot le plus honnête — du liquidateur :

Celui-ci nous dit, page 32 de son *factum* : « l'ac-
» tion dessicative de l'atmosphère est d'une puissance

» *bien supérieure* à l'action d'introduction qu'exer-
» cent ces trois roubines (le Grand-Canal, la Ballarine
» et la Fadaise).» — Puis invoquant les observations
de l'ingénieur *Cotte*, il nous fait un tableau de fantaisie où il nous donne, mois par mois (comme sur
le petit livre de l'eygadier) le débit moyen *par seconde* des trois roubines ci-dessus, la hauteur d'eau
qu'elles peuvent produire, la même hauteur enlevée
par l'évaporation et la grande différence *en faveur
de l'évaporation*. — La première chose qu'on se sent
invinciblement porté à répondre tout d'abord est
celle-ci : Si vos calculs et ceux de M. Cotte sont justes,
si l'évaporation « même pendant les mois d'hiver »
est plus forte que l'introduction, pourquoi, fin
juillet 1860, époque à laquelle nous sommes généralement à sec dans les Launes, — *pourquoi sommes-
nous inondés?* — Que signifie, nous vous le demandons, un tel de langage ? Ne mériteriez-vous pas
qu'on vous répondît par le fameux mot de *Proudhon*
aux socialistes en désarroi ?

Ce n'est pas tout : pour fortifier cette volumineuse
ineptie, le liquidateur invoque l'opinion de MM. Surell
et Montricher, consignée dans le projet de digue à la
mer entre les Saintes-Maries et la Vignole, pages 15 à
21. Cette opinion, nous ne craignons pas de le dire,
écrase le liquidateur; et, à notre tour, nous l'invoquons tout entière. — En effet, d'après ces Messieurs,
s'agit-il d'eau de pluie, les étangs n'en recevront que
le quart, et le surplus sera absorbé par les terres ;
s'agira-t-il d'arrosage « le même fait, disent-ils, sub-
» siste *nonobstant l'introduction des eaux d'arrosage*

» et le résultat final de ce grand excès de l'évapora -
» tion sur les eaux reçues, sera DE TENIR LES ÉTANGS
» SOUVENT A SEC et *normalement plus bas que la*
» *mer* (pages 17 et 18)!!... —Vous le voyez, la pluie
combinée avec les arrosages doivent tenir *souvent*
les étangs à sec. Que sera-ce s'il n'y a à évaporer que
des eaux de pluie ! — Et c'est dans un tel jugement
que le liquidateur trouve un moyen décisif de se défendre ! C'est à n'y rien comprendre.

Essayons cependant d'ajouter quelque chose à l'opinion des ingénieurs que nous avons cités, afin de la
dégager de toutes les surcharges passablement
étranges que lui impose le liquidateur. M. Surell,
préoccupé du dessèchement et de l'irrigation, de
même que d'abriter, avant tout, des eaux de la mer,
devait naturellement penser à créer, pour toutes les
zônes de la Camargue, un état meilleur. En dessé-
chant, il fallait pouvoir arroser ; de là le calcul, autant exact que possible, sur les eaux naturelles et les
eaux introduites. En sauvant des eaux, M. Surell ne
pouvait pas et ne devait pas appeler une inondation
non moins dangereuse ; en effaçant un fléau, il ne
pouvait pas en créer un second.

Le résultat des améliorations qu'il calcule et
qu'il élève à plus de dix millions, prouve la grandeur
du bien qu'il voulait produire, des améliorations qu'il
voulait créer ; et rien, dans sa pensée touche-t-il de
près ou de loin, aux raisonnemeuts et aux appréciations du liquidateur ! — N'est-il pas désolant de voir
celui-ci commenter comme il le fait les grandes idées
et les applications de M. Surell ! En effet, le dessica-
teur dessèche-t-il ? Arrose-t-il tout simplement ?

Quand il a fait tout cela, l'évaporation va-t-elle, par sa puissante énergie, mettre à sec ses étangs ? Non ! Et pourquoi ? Parceque le liquidateur n'arrose pas ; IL INONDE ! Il tourne, dans sa conduite, complètement le dos aux idées de M. Surell sous l'égide desquelles il semble se placer, et l'inondation qu'il crée est continue. Il a besoin qu'il en soit ainsi, non pour arroser, mais, comme il nous l'a dit et répété, pour faire entrer le frai et les poissons et pour rafraîchir ceux-ci : voilà tout le mystère. — C'est-à-dire encore, qu'au lieu d'appliquer les idées de M. Surell, qui voulait dessécher, arroser, améliorer, il les déshonore en ne faisant de la Basse-Camargue qu'un vaste étang insalubre !!...

Nous sommes vraiment fachés de toutes ces discussions de détails ; mais il n'a pas dépendu de nous de les éviter. Nous avons dû ramasser, où elles ont été jetées pêle-mêle, les pierres de la mosaïque dont nous avons parlé. Il nous en reste encore une à examiner : ce sera, nous le promettons, la dernière. Nous laisserons le gravier du liquidateur qui, nous l'espérons, sera entraîné dans le courant de la discussion dont nous nous occuperons bientôt en résumant tout le travail qui précède.

Nous sommes donc ramenés à la page **17** du *factum* où le liquidateur nous apprend « qu'il est cause » qu'une grande et utile amélioration a eu lieu !... » Passons cela. Il ajoute : « les conséquences fatales » des inondations de 53, 54 et 55 ne se reproduiront » plus. Les eaux des *Endedans* ne s'élèveront jamais » au-dessus du niveau de la mer...»

Le liquidateur nous fait rêver en nous parlant des inondations de 53 , 54 et 1855. Elles n'ont pas plus existé que le fameux canal des Saintes-Maries qui doit faire de notre commune une seconde Liverpool...

En effet, dans la crainte de nous tromper , nous nous sommes empressés de recourir d'abord aux gardes officiels des chaussées du Rhône et à la commission centrale , et il nous a été répondu qu'en 1853, 1854 et 1855 , il n'y avait eu rupture d'aucune chaussée du Rhône ! S'il y a eu inondation , ce n'est donc pas par là.

Cependant, puisque le liquidateur l'affirme, il faut que cela soit vrai : car M. l'administrateur du Château est-il capable de tromper ?...

Nous nous sommes rendus à la municipalité , non des Saintes-Maries où nous ne sommes pas en bonne odeur, mais à l'Hôtel de-Ville d'Arles où nous avons pris connaissance des observations que le chef de l'édilité arlésienne fait, chaque année, à l'administration supérieure , sur l'importance des récoltes , et où il indique très-exactement les causes qui ont influé soit en bien , soit en mal sur les produits du sol; s'il y a inondation , ou seulement pluies plus ou moins abondantes ou sécheresse , on le note très-scrupuleusement.

Eh bien ! de ces détails et observations qui les accompagnent et qui n'ont point été faites pour nous , il résulte qu'il n'y a point eu d'inondation dans la période triennale indiquée par le liquidateur, — qu'il a plu assez abondamment en 1853 ; mais qu'en 1854 et 1855 , il y a eu plutôt sécheresse que le contraire..

Qu'en pense le liquidateur? Et que signifient ces *conséquences fatales* qui ne se reproduiront plus ?... Que veulent dire ces *endedans*, dont les eaux ne s'élèveront plus au-dessus du niveau de la mer ?... Quelle est donc la valeur de toute cette phraséologie déclamatoire ?...

Si, pendant une seule de ces trois années, pendant 1853, il a seulement plu, nous connaissons par M. Cotte et par le liquidateur la force de l'évaporation, et nous savons qu'elle est bien supérieure à l'humidité ou à la submersion accidentelle produite par les pluies, et qu'il n'y a pas trop lieu de s'en plaindre. — Mais il est probable qu'à la pluie se joignait l'*action* des canaux ; que ce concours a pu causer une submersion momentanée. Qu'est-ce que cela prouve ? Cela nous regarde-il en quoi que ce soit?..

XI.

Titres invoqués par le Liquidateur.

Ceci est encore une divagation et, peut-être, la plus excentrique de toutes. Mais elle nous a paru mériter un examen tout particulier.

Le liquidateur affirme ainsi les titres qu'il a de faire ce qu'il a fait : « En ce qui touche le fonctionne-
» ment des roubines, nous opposons aux réclama-
» teurs, *l'existence et la destination* de ces canaux,
» qui ont toujours eu pour objet de fournir de l'eau

» et des poissons aux étangs, destination *plus que*
» *séculaire*, — *suivie d'une jouissance paisible, pu-*
» *blique et constante*, — et nous faisons remarquer
» que les roubines dont il s'agit sont des *accessoires*
» *indispensables* des étangs ; que, sans leur existence,
» il n'y aurait pas de pêcheries ; d'où il suit que *le*
» *tout* forme une propriété *indivisible et inattaqua-*
» *ble* (pag. 27 et 28 du factum). »

Tels sont les titres *imposants* du liquidateur qui
s'empresse d'ajouter : « ce n'est pas avec des décla-
» mations, mais avec des titres réguliers qu'un *hom-*
» *me peut contraindre son voisin à modifier son titre*
» *de propriété*... Les propriétaires du château Davi-
» gnon mettent de nouveau en demeure les signatai-
» res du libelle de produire les actes sur lesquels ils
» fondent d'aussi exorbitantes prétentions (*ibid*, page
» 28). » Il dit ensuite que la martellière des *Cinq-*
Gorgues reste fermée par ce qu'elle n'est pas un *écou-*
lage public!...

Que d'excellentes choses en peu de mots ! Si le
débat devait se renfermer dans les termes où le liquidateur le pose (et, au fond, il n'y en a pas d'autres),
la solution serait facile.

Nous l'avons déjà dit dans un précédent paragra-
phe et nous le répétons ici : l'existence des roubines
du château Davignon n'est pas contestée ; — la destination de ces roubines nous importe peu , en tant
qu'elles fonctionnent pour les usages , séculaires si
l'on veut, auxquels elles sont destinées pour les
nécessités des domaines. Ces nécessités sont univer-
selles, et personne au monde ne songe à les contester.

Nous ne pensons pas davantage à empêcher le liquidateur de jeter de l'eau, voire même du frai et des
poissons, pourvu que ce travail et cette spéculation ne
nous fassent pas de mal, pourvu qu'ils ne soient pas la
source d'une prétention, suivie de l'exécution la plus
fatale et la plus funeste à notre territoire. Voilà, pen-
sons-nous, de larges concessions qui reconnaissent la
sécularité de la propriété et l'*indivisibilité* de ses accessoires.

Mais de l'existence de ces roubines, de leurs anciennes et normales fonctions, du respect qui est dû
au Château comme à tout autre, conclure qu'on a le
droit d'*arriver chez nous*, que ce droit est *séculaire*,
qu'on peut nous inonder à volonté parce que les
étangs ont besoin de cela, cela n'est pas sérieux, c'est
encore moins raisonnable.

A quoi pense donc le liquidateur? Il oublie donc
que l'*état actuel* dont nous nous plaignons ne date
que de 1859?... Il oublie donc que, loin d'être séculaire, il a à peine deux ans d'âge? il oublie donc
que, *des siècles auparavant*, ses eaux ne venaient pas
sur notre territoire?... Il oublie donc qu'elles se sont
toujours écoulées dans le Valcarès et les étangs de la
première zône?... Il oublie donc que cet écoulage,
indiqué par la pente naturelle des lieux, a été aidé
par la main de l'homme, par celle du Château pour
les conduire plus facilement où elles se rendaient
toujours !

Que nous importe, après cela, la destination poissonnière de vos étangs ? Que nous importe votre possession de poissons ? Ayez des étangs, ayez des pois-

sons dans la limite de vos droits, personne ne vous le conteste.

Et lorsque pour justifier la fermeture de vos écoulages séculaires, vous venez nous dire que les *Cinq-Gorgues* ne sont pas un *écoulage public*, vous commettez une énormité. Est-ce que cet écoulage, par hasard, comme les autres, ne doit pas être ouvert parce qu'il n'est pas public ? Aviez-vous donc le droit, avant 1859, de ne vous servir que d'écoulages publics ? Y a-il, en Camargue, d'autres écoulages que des roubines privées ou appartenant à des associations ? Allons, liquidateur ! jamais divagation n'a été plus grande que celle-là, convenez-en.

Vous vous écouliez donc, avant 1859, comme tout le monde, sans préjudicier à vos voisins. Et quand, à votre tour, vous nous demandez où sont nos titres, nous sommes tentés de sourire. Où sont les vôtres au point de vue de la discussion actuelle ? Vous n'avez que le droit de jouir de votre propre chose, sans nuire à autrui. Et quant à nous, notre titre est dans la loi, dans l'article 640 du Code Napoléon : celui-là en vaut bien un autre. Comprenez-vous maintenant ! Ne nous sommez donc plus si emphatiquement de produire nos titres et justifiez un peu mieux vous-même vos inqualifiables prétentions.

Nous avons quelque chose de plus à vous dire, non-seulement pour arriver à la suppression de votre canal, mais encore à une modification importante du régime de vos étangs.

La liquidation possède des étangs naturels ; elle a prescrit, et nous le reconnaissons sans peine, le droit de les posséder tels qu'elle les possédait avant la construction de la digue à la mer, dans leurs limites, avec leurs écoulages avant cette époque : Là s'arrêtent sa possession indivise, sa propriété, ses droits.

A côté de cette situation, posons les principes : 1º la hauteur du déversoir d'un étang se calcule sur l'étendue du terrain que l'étang doit contenir pour garantir les terres voisines de l'inondation (v. *Nouv. Rép.* — Pardessus, p. 143, et Dubreuil, t. 1er, p. 56.) — 2º Si l'étang est alimenté, disent les annotateurs de Dubreuil, *loc. cit.*, par un *ruisseau étranger*, au fonds sur lequel il est établi, l'autorité doit surveiller *tous les ouvrages qui peuvent modifier la hauteur des eaux courantes* ; — 3º l'autorité peut même ordonner la destruction d'un étang, s'il devient nuisible ou préjudiciable *par l'infection* ou par les inondations (loi du 11 septembre 1792, Fournel, Vº *Marais*, p. 259, — Pardessus, nº 78, p. 144. — Nouv. rép., vº *Etang.*— Code de police, vº *Eaux*, p. 269). — L'autorité peut toujours détruire, sans indemnité, un étang qui nuit à la santé publique, soit par des exhalaisons méphitiques, soit par des inondations (Dubreuil, t. 1er, p. 58), — 4º On ne peut acquérir par prescription le droit d'imposer à ses voisins UNE SERVITUDE D'INONDATION : d'abord parce qu'une pareille servitude étant discontinue, est naturellement insusceptible de s'établir par ce moyen (art. 691, c. c.); ensuite parce que l'inondation est rangée par les lois au nombre des délits, et qu'un délit ne peut jamais être le fondement d'un droit (*loc. cit.*, p. 59). — 5º enfin, dit encore M. Daviel (t. 2, p. 287, *Traité des*

cours d'eau) « le propriétaire de l'étang , *ne pouvant*
» *rien faire qui aggrave la servitude du fonds infé-*
» *rieur*, ne pourrait amener dans son étang de nou-
» veaux ruisseaux qui en augmenteraient le volume et
» pourraient rendre l'écoulement plus incommode
» pour les riverains inférieurs, soit au moment de la
» mise en pêche , soit à toute autre époque. »

Voilà des principes incontestables, des lois claires
et précises. Dans quelque hypothèse qu'on veuille se
placer, il n'est jamais permis d'infecter ou d'inonder.
Avant la digue à la mer, le Château ne nous inondait
pas. Comment cette construction, importante pour le
bien de tous, aurait-elle créé un mal intolérable pour
nous ? Le but de la digue à la mer, puisqu'il faut le
rappeler encore , a été d'arrêter à jamais l'invasion
des eaux salées. Cet obstacle, ce frein mis aux flots
n'a imposé de servitude à personne. C'est toujours à
la mer que l'on doit s'écouler ; seulement, on peut
aller chez elle, et, elle ne peut plus venir chez nous,
sauf des accidents de force majeure. — Or , avant la
digue à la mer, la liquidation avait tous les écoulages
que nous avons rappelés ; et le décret qui a prescrit la
construction de cette digue, n'a pas dit à la Société
agricole : « Tu n'useras plus de ton canal des Cinq-
» Gorgues , — tu ne jetteras plus dans le Valcarès
» tes écoulages de Consécanière et des autres étangs,
» etc.— Le décret a laissé les choses dans l'état où
elles étaient, et si elles ont été modifiées, c'est par
des moyens que nous n'acceptons pas et que la
loi et le droit repoussent, comme nous nous réservons
de le démontrer dans le cours de cette réponse.

Retenons seulement de ce qui précède, qu'avant l'établissement de la digue à la mer, tout était pour nous et contre le Château et que, depuis cette création qui devait nous enrichir, tout est contre nous et en faveur de la liquidation. — Ajoutons encore que toutes les lois rendues en 1845 comme avant, ont été faites pour développer, féconder et enrichir, soit sous le titre d'irrigation, soit sous celui de drainage, et que la phénoménale confusion créée par le liquidateur a fait de toutes ces choses une sorte de gachis dont le terme final a tourné à un véritable fléau pour nos contrées.—Mais le liquidateur n'y a rien perdu. Etudions ce nouveau côté de la question.

XII.

Causes occultes des ardeurs du liquidateur.

M. Digoin est arrivé à la tête de la Société agricole de la Basse-Camargue *petit*, BIEN PETIT, TRÈS-PETIT; il est devenu, depuis, actionnaire, *gros*, TRÈS-GROS, LE PLUS GROS de ladite Société. Nous ne savons à quelle cause rapporter ou attribuer son *obésité sociale*; le liquidateur est trop susceptible pour que nous nous permettions la moindre investigation à cet égard. Cependant, comme nous n'avons que des éloges à donner à son administration aux points de vue divers qui vont nous occuper, il nous pardonnera de rendre compte de l'état prospère dans lequel

il a placé les choses de la Société agricole qui nous occupe. Il ne se fâchera pas non plus de ce que nous
rapporterons de la part que nous avons eue à ses succès, contre notre gré sans doute , mais cela ne change
rien , pour le chiffre, à ces succès.

Rappelons, avant tout, que M. Digoin n'est pas
seulement administrateur du château Davignon ou
liquidateur de la Société agricole dont ce château fait
partie, mais encore qu'il est actionnaire, et le plus
fort actionnaire de cette Société. Il a donc deux intérêts
à bien faire , celui de soigner avec le scrupule qui le
distingue la grande affaire qui lui est confiée, et celui
non moins grand de faire prospérer ses propres fonds,
engagés pour un chiffre considérable dans cette en-
treprise : notons cela et ne l'oublions jamais.

Jetons maintenant un coup d'œil rapide sur cette
vaste exploitation. Nous en retirerons des enseigne-
ments ultérieurement utiles à plus d'un égard.

L'une des recettes ou des formes les plus producti-
ves, c'est la pêche. Elle s'exerce sur *douze mille*
hectares d'étangs ; c'est donc non seulement la plus
considérable de la Camargue, mais la plus étendue des
pêcheries d'étangs qu'il y ait en France , si nous ne
nous trompons, au moins comme groupe dans les
mains d'un seul.

Ces douze mille hectares d'étangs poissonneux, donnant peu de prise au fisc, *très-peu imposés* comme on
le verra ci-après , donnant des produits énormes ,
ne pouvaient manquer de fixer tout spécialement l'attention d'un intéressé à la fois actionnaire et liquidateur de la chose.

Avant la digue à la mer, ces étangs communiquant entre eux, comme aujourd'hui , par des canaux *non publics* mais particuliers , propriété du château, recevaient de la mer une population nombreuse par la *Fourcade*, le *grau de Rousty*, le *grau de la Contesse*, etc. Quand les vents d'Est et du Midi soufflaient, la mer remplissait les étangs, y apportait son tribut accoutumé , et le poisson qui, suivant la savante théorie d'empoissonnement, développée p. 24 du *factum*, « remonte toujours le courant » , venait, par des canaux ménagés autant que par les surfaces inondées des eaux de la mer, peupler les immenses réservoirs de la liquidation.

On parlait très-peu du Rhône, à cette époque, quoiqu'il dût y concourir, suivant le temps et les moyens, pour une part bien inférieure à celle de la mer.

Les produits des pêcheries, ainsi alimentées, ont toujours été les plus importants du Château : cela est de notoriété publique. En 1856 , les recettes auxquelles ont donné lieu les pêcheries ont dépassé, nous assure-t-on , *soixante mille francs*. Tout le monde sait qu'on ne savait que faire du poisson et que les moyens matériels étaient à peine suffisants pour le faire arriver aux lieux de consommation ou aux gares des voies ferrées. — Cela paraît si vrai que la pêcherie de Méjannes , qui n'est rien , comparée à celle du Château , aurait donné un bénéfice de plus de 25,000 fr. cette même année 1856, et qu'une autre petite pêcherie appartenant à M. de Vogué , aurait procuré une recette de 13,000 fr. Nous ne voulons pas chercher à multiplier les exemples : rien ne pa-

raît mieux établi que les immenses produits du poisson en 1856, année, si l'on veut, exceptionnelle, sans
que cette exception contrarie beaucoup les recettes
des années suivantes.

En effet, en 1857, les produits des pêcheries ont été
à peu près les mêmes pour le Château. — La digue
à la mer, terminée en juin 1858 , a dû apporter un
trouble grave à l'aménagement des étangs. L'accès
fermé d'une manière absolue au poisson de mer , il
fallait , sous peine , non d'une ruine (la Société
agricole n'en craint aucune), mais d'une diminution considérable de revenus, songer au moyen de
réparer le mal fait *aux poissons*. Le liquidateur avait
vu le coup et s'était préparé à l'avance , à l'amortir.
La digue à la mer était parfaite pour l'avenir de ses
marais , de ses roselières, de ses pâturages , de ses
terres ; mais la pêche n'y trouvait pas son compte.
Le liquidateur ne pouvait pas accepter de ne pas profiter de tous *les côtés* ; et il est arrivé à ce but par le
canal des *Launes*, qui rend aux Saintes-Maries les
eaux de la mer dont la digue a voulu les abriter , qui
crée une inondation permanente au lieu d'accidentelle qu'elle était : car on sait que souvent, en été ,
on traversait à pied sec la cuvette de ce canal. Et
avec ce canal, figurant mensongèrement comme émissaire , le liquidateur remplit et rafraîchit chaque jour
ses immenses réservoirs qui n'ont pas de déversoirs
établis et qui rendent ainsi à l'évacuation impossible
des masses d'eau qui croupissent à nos portes et qui
n'ajouteront pas peu aux causes de mortalité... Mais
qu'importe ? Le liquidateur aura conservé son poisson ; cela ne suffit-il pas !...

Le liquidateur ne pouvait donc se résoudre à sacrifier ses pêcheries parce qu'elles formaient le plus beau joyau de la Société agricole. En effet, si l'on compare les produits des fermes de la liquidation aux revenus du poisson, on verra combien sont justifiées, au point de vue de l'égoïsme, les ardeurs du liquidateur-actionnaire. Voici le relevé des fermes et autres biens :

Désignation des biens.	Noms des Fermiers.	Fermages payés en argent ou en nature.
Le Ménage............	Antoine Commune.....	87 salmées de blé, 5 salmées d'avoine, 250 fr. d'herbages ; il mène à mi-fruit, dix hectares, de la terre du Château.
La Cure	Edouard Cadière.......	27 salmées 1|2 de blé, 3 salmées d'avoine ; 250 fr. d'herbages.
Les Grandes-Cabanes ..	Plauchut de la Cassaigne	100 salmées de blé ; 10 salmées avoine ; 1,700 fr. herbages.
Les Frignans..........	Jos. Poncet et Fortuné Boyer, son gendre...	1|12 salmées 1|2 de blé et 4,000 fr. d'herbages.
Carrelet......	Henri Thélène........	60 salm. de blé et 900 fr. d'herbages.
Bardouine............	Laurent Seignour	100 salmées de blé, 10 d'avoine et 600 fr. d'herbages.
Michel...............	François Regnier	115 salmées de blé et 650 d'herbages.
Raoux...............	Henri Trichaud, fils....	100 salm. de blé et 600 fr. d'herbages.
Le Couvin............	Combe frères.........	2,000 fr.
Marais de Sigoulette....	Bertrand Esmial.......	2,500 fr.
Moulin à vent...	Chrysostôme Gache	300 fr.
1. Clos de Rouquian...		
2. Rière des vignes....		1,000 fr.
3. Autres vignes.......	5 articles réservés par M. Digoin et dont les produits sont évalués à	1,000 fr.
4. Coustière de Consécanière		1,000 fr.
		1,000 fr.
5. Réserve de Sigoulette.		500 fr.

Récapitulation.

Le relevé que nous venons de faire donne au liquidateur, en nature de blé, 762 salmées de 10 doubles qui sont égaux à deux hectolitres. En comptant le blé au prix moyen de 45 fr. la salmée, cela fait, en blé, une somme de. . , ... 34,290 »

    2o 28 salmées d'avoine à 20 fr. l'une   560 »

    3o Et en argent. . . . . . . 18,250 »

          Total. . . . . . . 53,100 »

Otons les contributions qui, pour 1860 , s'élèvent à. 3,579 15

Il reste net en fermage de toute nature , non compris la pêche, à la liquidation , une somme réduite à. . . 49,520 85

Otons encore de cette somme , si l'on veut, tous les frais généraux de direction , de liquidation indéfinie, de représentation, etc., etc. , et l'on verra que le revenu, réduit à la terre proprement dite, n'a rien de merveilleux. C'est le revenu correspondant aux premières acquisitions de M. le comte de Bouillé. Ce n'est pas sur le produit des terres , herbages, marais et roselières que ce dernier devait compter quand il élevait son capital social à 7,000,000 fr. représentant un intérêt de 350,000 fr. ! — Et quand la société Lichteinstein-Westphall et Compagnie achetait elle-même à *deux millions* ce que M. de Bouillé avait estimé à sept, elle n'achetait pas seulement un fonds devant donner 49,520 fr. 85 de rente, puisque son capital engagé, non compris les frais du contrat , représentait déjà plus de *cent mille francs* de revenus présumés, mais elle achetait QUELQUE CHOSE qui devait élever bien au-delà de 100,000 fr. les revenus espérés. Qu'était-ce donc que ce *quelque chose*, si ce n'étaient les pêcheries de *douze mille hectares ?*

Nous y sommes : c'est bien cela qu'on avait en vue ; et M. de Bouillé nous l'a révélé dès 1836 , lorsqu'il a annoncé la nécessité *absolue* de l'isolement de ces douze mille hectares en s'abritant également de l'*invasion des eaux du fleuve* (V. p. 9 de notre premier mémoire).

La conséquence à tirer de tout ceci c'est l'énorme importance des pêcheries, ce sont leurs produits considérables. Seulement, ce qu'il y a d'étonnant pour nous , depuis que le liquidateur est en fonction, c'est la facilité avec laquelle nous avons toujours pu connaître le prix des baux ruraux et la difficulté que nous avons toujours rencontrée pour avoir des renseignements précis sur les pêcheries. Celles-ci sont le côté *mystérieux* des produits de la société agricole. Pourquoi ce mystère ? A qui profite ce mystère ? Nous ne le rechercherons pas. Il est dangereux d'aller trop avant avec un adversaire comme le nôtre et nous tiendrons bouche close. On ne nous empêchera pas , toutefois , de maintenir , avec la notoriété publique , avec des termes de comparaison nombreux , que les pêcheries rendent *au moins autant* que les terrains secs et humides : les prix de vente sont là ! le passé aussi ! et le présent, quand on le voudra *sérieusement*, jettera sur les pêcheries la plus entière comme la plus vive des lumières.

Le liquidateur avait donc intérèt à maintenir les pêcheries à la hauteur de tous leurs produits anciens. La pensée d'une diminution de revenus, compensée par l'avantage de ne plus être visité par les eaux de la mer, ne suffisait pas. Pourquoi, s'est-il **dit**, ne pas tirer, s'il est possible, d'un sac deux moutures. J'ai gagné à ne plus être visité par les eaux de la mer ; j'ai gagné à accroître les produits de mes marais et de mes roselières ; pourquoi perdrais-je sur les poissons ? De là, tout le reste. On sait comment l'actionnaire-liquidateur s'en est tiré... Il a autant de poissons qu'il en avait auparavant ; mais l'on sait qui en souffre....

Si nous sommes aussi complètement campés qu'il nous est permis de l'être sur l'importance des pêcheries du Château et sur la cause des efforts inouis que fait son liquidateur, gros actionnaire, pour les conserver, il nous reste à étudier, au milieu de ces *spéculations particulières* si bien caractérisées par la délibération du 10 mai 1853, une des causes qui ont dû, selon nous, puissamment contribuer à pousser le liquidateur à tout ce qu'il a fait de si étrange vis à vis de nous.

Ce qu'il y a d'évident, comme on vient de le voir, c'est l'intérêt attaché à la conservation non seulement des pêcheries en elles-mêmes, mais de leur rendement.

Ce qu'il va y avoir de non moins évident, c'est l'intérêt de se servir des écoulages autres que ceux usités.

On se souvient de ce qu'a répondu déjà le liquidateur au sujet de l'écoulage des *Cinq-Gorgues* qui, d'après lui, n'étant pas *public*, ne pouvait pas lui être imposé ! Il n'a pas justifié autrement l'abandon de cet émissaire et l'on a vu toute la valeur négative d'une telle prétention. Ce moyen mauvais, cette raison ridicule invoquée par le liquidateur en cachait une autre que nous devons révéler.

La cause vraie, la cause sérieuse de l'abandon par le liquidateur de l'écoulage des Cinq-Gorgues comme de tous les autres écoulages tombant dans le *Valcarès* pour diriger exclusivement les eaux du Château, de *Consécanière* dans *Ginès*, et de celui-ci dans les *Launes*, c'est l'obligation dans laquelle se trouve le liquidateur, par suite d'engagements pris entre lui et la société *Henri Merle* de ne jeter aucune eau douce dans cet étang salé dont la pureté serait troublée par cette immixtion et contrarierait dans l'usage auquel sont destinées ces eaux dans la grande exploitation des produits chimiques de la Basse-Camargue, dirigée par M. l'ingénieur Levat.

On se souvient que, dans la rétrocession faite le 16 octobre 1851 par la société *Lichteinstein*, celle-ci s'est réservé les *trois quarts* des étangs salés. Le *Valcarès* et autres étangs de la première zône font partie des choses réservées.. M. Levat est, comme on l'a vu précédemment, mandataire du liquidateur de la société *Lichteinstein*; il est également le mandataire d'*Henri Merle* (1); et l'on a vu, aussi, qu'il

(1) La société *Henri Merle* a le plus grand besoin des eaux salées qui l'avoisinent, autant pour ses propres spéculations que pour éloigner des concurrents. C'est pour cela que, les 30 janvier 1858, 27 novembre suivant et le 26 mars 1859, elle s'est fait consentir

était intervenu en cette qualité dans la transaction de *Montlaur* dons nous avons parlé et qui restitue à cette dame 154 hectares à prendre dans le *Valcarès* presqu'en totalité.

Or si, à cette occasion, M. Levat a agi *pour Henri Merle*, il est évident que ce dernier, qui a été, dans le passé, complètement étranger au château Davignon, ne peut en être rapproché, aujourd'hui, que par les produits chimiques, c'est-à-dire par les eaux salées du Valcarès qu'il a louées ou achetées. Son intervention ne peut pas avoir d'autre cause. Elle est pour nous une révélation et elle explique d'une manière on ne peut plus complète la conduite de l'actionnaire-liquidateur.

Ce dernier a pour lui le drainage, les irrigations, les bienfaits de la digue à la mer, l'avantage de conserver ses pêcheries, de détourner ses écoulages d'où bon lui semble, d'affermer les eaux salées et le Valcarès en particulier à des tiers pour des produits chimiques, de bénéficier *de tous les côtés*, de nous inonder de ses eaux inutiles et de nous ruiner en nous infectant, en ayant la bonté de nous dire que c'est pour notre bien!! C'est prodigieux, il faut en convenir!...

Telles sont cependant les principales causes de la

---

un bail par M. de Cossi-Brissac, une vente par M. de Vogué et un bail de 25 ans par M. de Rivière, des eaux salées pouvant être amenées à l'étang de *Giraud*. — Si nous ne connaissons pas l'acte relatif au *Valcarès*, c'est qu'il est tenu mystérieux comme tout ce qui regarde les étangs du Château; mais les faits que nous signalons font gravement présumer son existence.

conduite du liquidateur et l'intérêt qui le dirige. Si le *Valcarès* lui procure ainsi un bon revenu, c'est au canal des Launes qu'il le doit.

Mais le canal des Launes n'est-il pas, à la fois, pour notre intérêt comme pour celui de la vindicte publique, un préjudice et un délit permanent? Nous allons l'examiner.

XIII.

Intérêt privé et collectif justifié.

Le liquidateur-actionnaire, arrivé au terme de son travail, s'écrie, pages 39 et 40 : « loin qu'il y ait » dommage, il y a, dans cet établissement (le canal » des Launes) des avantages incontestables pour les » terres cultes, pour les fonds paludéens, pour la » santé publique !! »

Il est difficile de rencontrer plus de... hardiesse, nous voulons rester calmes et polis, dans moins de mots...

Et, d'abord, pour les terres cultes : quel bien la présence des eaux peut-elle leur faire, abstraction faite de toute autre circonstance? Les terrons, formant une collection d'îles environnées d'eau *toute l'année* et *à perpétuité*, suivant la pensée du liquidateur réalisée par le canal, reçoivent-ils de ces eaux un élément de fécondité ? Les récoltes en sont-elles plus abondantes, plus belles ? Une réponse affirmative à ces questions serait une simple folie. En effet, non seulement la présence de l'eau ne profite pas à la terre, mais elle lui nuit considérablement , notamment quand le fameux *ouragan boréal*, dont nous avons déjà parlé, donne avec la force qu'on lui connait ; il jette les eaux sur les terrons , altère ou entraine les engrais, nuit à la végétation et constate, par là , un premier et grave préjudice.

Il n'est pas le seul : la présence continuelle de l'eau, en été comme en hiver — et aujourd'hui 17 juillet 1860 elles nous incommodent autant qu'il y a un mois, deux mois, etc., rend excessivement difficile la communication avec nos propriétés. Nos bêtes de labour courent des dangers pour s'y rendre ; le transport des engrais est impossible autrement qu'en barque ou à dos de mulet, ce qui ne nous arrivait pas autrefois. Nous ne pouvons pas communiquer avec nos fonds, quelque modestes qu'ils soient , comme nous le faisions avant le canal. Cette modification grave à notre jouissance ne doit-elle pas être prise en grande considération par l'autorité ? On a vu , cette année , comment et par quels moyens difficiles nous avons extrait nos récoltes du milieu des boues et des eaux ; on a vu jusqu'à l'aire commune envahie par les boues et ne permettant qu'à *un seul* de fouler quand cela se faisait commodément et pour tous avant l'œuvre du gros-actionnaire du Château. — Rappelons-nous que si les eaux venaient exceptionnellement nous contrarier, c'était, comme le rappelle la délibération du 10 mai 1853 , tous les *quinze ans* , et l'on pouvait s'en consoler ; mais aujourd'hui , c'est l'inondation réglementée, organisée, légalisée par le liquidateur · c'est donc bien autre chose.

Tous ces inconvénients sont déjà bien graves ; il y en a qui le sont encore davantage. Quand l'*ouragan boréal* donne sur les *eaux zénithales* — locution favorite du liquidateur — le battillage violent qui en résulte provoque la dégradation des couches de terre qui composent les terrons. Si la couche supérieure est généralement de terre compacte et forte, la couche inférieure est sablonneuse. C'est sur celle-ci que le battillage est le plus dangereux ; la violence avec laquelle l'eau est poussée contre les terrons fait tomber cette couche inférieure sablonneuse , et lorsque ce point d'appui a disparu , la couche supérieure qui n'est plus soutenue, tombe à son tour ; et c'est du terrain à jamais perdu. — On peut voir, autour des terrons, l'effet désastreux de ce battillage par les pentes créées par cette destruction.

Nous ne craignons pas d'avancer que si les choses restent dans l'état où le liquidateur les a placées , *dans dix ans*, les terrons auront à peu près complètement disparu !!

Voilà pour les *terres cultes*. Qu'en est-il des fonds paludéens ? — Ici , le liquidateur , suivant son habitude , nous jette dans les équivoques. Nous ne contestons pas l'avantage qu'il y a , en Camargue , d'arroser les *fonds paludéens*, c'est-à-dire les MARAIS proprement dits. On y arrose les marais pour favoriser les produits ; c'est de l'intelligence créant des améliorations auxquelles nous n'avons pas la simplicité — tout *sauvages* que nous sommes — de nous opposer. Le dessèchement et les irrigations sont compris par nous aussi bien que par le liquidateur.

Mais il ne s'agit pas de *marais*, dans la grande question qui nous occupe ; il s'agit d'un étang, improductif, pour lequel sont très-peu faites les observations du *savant chimiste* anonyme rapportées dans le factum, pages 38 et 39 ; — d'un étang souvent traversé, en été, à pieds secs, avant l'œuvre du gros-actionnaire qui nous occupe ; — d'un étang qui n'est point un marais dont l'irrigation peut favoriser la production qui, en dehors des terrons, n'existe pas, — mais d'un étang dont les eaux sont accrues pour les besoins de la société agricole, *sans écoulage possible par l'émissaire établi :* voilà la vérité, telle que la vue des lieux l'établit pour tout le monde excepté pour le liquidateur. — Les *fonds paludéens* n'ont donc rien à voir avec l'étang des Launes, qui n'est point arrosé, mais qui est maintenu dans un état de submersion continue et complète, — submersion dont nous avons déjà tant de fois signalé les funestes conséquences.

Comment le liquidateur justifiera-t-il maintenant sa thèse au point de vue de la santé publique? Lisez-le, relisez-le tant que vous voudrez, sauf le savant chimiste anonyme, par rien! Croyez-le donc sur parole !...— N'est-ce pas se jouer vraiment de la santé publique? On sait, par une triste expérience que, malgré notre acclimatation, les fièvres font sur nous comme sur les rares étrangers qui viennent se fixer aux Saintes-Maries, de grands ravages. Avant le canal, cela était constant. Cela le sera-t-il moins avec un cloaque permanent et bien autrement fétide ?... Ce qui produit cette fétidité, ce n'est pas l'assèchement qui est devenu impossible par les moyens organisés et employés par le liquidateur, mais la diminution des eaux, qui deviennent boueuses et qui donnent, dans la saison brûlante où nous sommes, lieu à des émanations bien autrement dangereuses que par le passé. Pour la santé publique, il faudrait qu'il n'y eût point ou presque point d'eau, ou de l'eau sans cesse renouvelée. Il n'est pas possible d'arriver à l'asséchement ; il faut moins encore songer à avoir de l'eau toujours élevée et toujours renouvelée : car toute culture serait rendue impossible. Telles sont les alternatives où nous sommes placés.

La condition faite à notre territoire est telle que si le canal, créé depuis seulement deux années, existait depuis des temps anciens, nous serions en droit, comme les habitants de Saint-Mitre pour le *Pourrat*, d'en réclamer la suppression pour cause de salubrité publique. A plus forte raison, pouvons-nous utilement demander le comblement d'une œuvre pour la création de laquelle l'autorité publique n'a pas été suffisamment éclairée. Celle-ci a prévu le dommage matériel et a réservé nos droits contre qui il appartiendrait. Elle n'a pas pu faire de réserve en faveur de la santé publique contre laquelle on ne prescrit jamais. De tous les priviléges, celui de vivre est à l'abri de toutes les influences des actionnaires fussent-ils cent fois plus gros que le liquidateur.

Ainsi donc, à l'endroit de la santé publique, le liquidateur n'est pas dans le vrai. Il lui porte gravement atteinte ; et, par ce seul côté, son établissement intéresse l'homme privé, le citoyen comme l'universalité ; c'est aussi par là que ce canal est frappé de mort.

Pour amoindrir ce côté sérieux de la question , le liquidateur nous jette à la face notre petit nombre et notre petite superficie de terrain... C'est orgueilleux de sa part, mais très-peu concluant.

D'après lui , nous ne sommes que vingt-et-un (nous pourrions dire 22 , parce que Honoré Fouque a donné son consentement comme les autres) et , pour cela , nous ne sommes bons qu'à jeter à la voirie ! Qu'est-ce que c'est que vingt-un *Santains ?...* Les *sauvages* du liquidateur méritent-ils qu'on fasse attention à eux ?... —Il y a un savant qui nous a visités en 1856 ou 1857, le commandeur Joseph Bard , — et qui a écrit sur nous les lignes suivantes : « Les mœurs rurales de cette contrée , en faisant la part des influences clima-
» tériques , sont douces comme celles d'un peuple
» de pasteurs et de pêcheurs , hospitaliers surtout.
» Par suite de leur éloignement des foyers de civili-
» sation , l'esprit de ces habitants ne s'est pas encore
» développé au préjudice de leurs cœurs , plus pri-
» mitif et plus vrai que sous les courants mystifica-
» teurs et desséchants du progrès (Vienne, 1857,
» p. 28 , la Camargue et les Saintes-Maries de la
» Mer.) » Ces quelques mots nous vengent suffisam-
ment des nauséabondes injures de l'actionnaire et de toutes autres invoquées par lui.

Si nous sommes peu nombreux , le liquidateur sait mieux que personne pourquoi. Dire ce qui a re-
tenu un grand nombre de possesseurs de terrons et d'autres propriétaires, ce serait revenir sur la conduite

et l'influence du maire dont nous refusons de nous occuper. Nous ne voulons plus que nos paroles soient mises en regard du *fonctionnaire public!*...

Au lieu de vingt habitants, n'y en aurait-il qu'*un seul*, que notre cause ne changerait pas de caractère. La moralité du litige n'est pas dans le nombre des plaignants, mais dans la cause du mal; le pêcheur et le pasteur ont autant de droit à la protection publique que le gros actionnaire. Et le liquidateur use d'un moyen de bien mauvais aloi quand il querelle sur le nombre; cela prouve peu de philanthropie de sa part, peu d'ampleur dans ses sentiments humanitaires.

Mais ce qui met le comble à ses aberrations, c'est lorsqu'il analyse nos superficies et qu'il met, avec une joie que nous ne qualifierons pas, nos patrimoines en relief et qu'il ne trouve pas *vingt* hectares à additionner, quand lui et ses co-actionnaires en possèdent plus de *vingt-trois mille!!*... Qu'est-ce que cela prouve encore? Nos vingt hectares sont, pour nous petits, très-petits propriétaires, notre grenier, notre fortune. Cela nous suffit pour vivre et faire vivre nos familles. Nous ne sommes pas avides; nous nous contentons du peu que nous possédons. Mais, au moins, laissez-nous tranquilles! Que votre avidité égoïste cesse de nous tourmenter! Ne venez pas nous dire que « l'étang et les entre-deux de nos terrons se couvri- » ront de végétation (p. 37), ne craindront plus le » clapotage et auront des matériaux de litière à pied d'œuvre ..» Charlatanisme que tout cela, liquidateur! vous n'en croyez pas un mot, ni nous non plus...

XIV.

Situation de toutes les parties en face de l'autorité administrative et judiciaire.

Il convient de résumer ce long débat, en rappelant toutes les phases qu'il a subies, pour mieux connaître l'issue définitive qu'il doit avoir, soit auprès des tribunaux administratifs, soit auprès des tribunaux judiciaires.

Jusque vers l'année 1852, la commune des Saintes-Maries n'a pas eu trop à se plaindre de la Société agricole de la Basse-Camargue. M. le comte de Bouillé et ses successeurs, jusqu'à cette époque, n'ont laissé, parmi nous, que d'honorables souvenirs.

C'est en 1852 que le liquidateur actuel Jean-Marie Digoin paraît être entré en fonctions. C'est au moins de cette époque que datent ses premières démarches dirigées contre nous. Ses tentatives furent mal accueillies, et il comprit bientôt qu'il était difficile d'équivoquer avec notre bon sens et de nous faire prendre le change sur ses intentions.

Toute transaction amiable étant devenue impossible, le liquidateur s'adresse, le 6 avril 1853, à M. le Préfet, pour obtenir l'autorisation de traduire la commune devant les tribunaux, à l'effet d'obtenir l'application, à son profit, de la loi *Angeville* des 29 avril et 1er mai 1845 sur les irrigations, la Société agricole ayant le projet « d'établir un grand canal sur des ter-
» rains appartenant à la commune, nécessaire à l'é-

7

» coulement des eaux et à l'irrigation de sa pro-
» priété. »

Cette demande n'était qu'un prétexte ; elle avait un autre but que des irrigations. Quant à celles-ci, la Société agricole a toujours été libre de les faire sans nuire à autrui ; elle a ses prises au Rhône, ses roubines , ses canaux d'écoulages parfaitement établis , son système d'irrigation possible organisé depuis longtemps et elle n'avait rien à désirer en [tant qu'irrigations. Pourquoi demander des écoulages , puisqu'elle en avait de plus que suffisants qu'il était facile de vérifier ? Pourquoi réclamer une servitude que la loi n'accorde pas dans la situation où se trouvait la Société agricole ? En effet, la loi de 1845 oblige à *donner passage* sur les FONDS INTERMÉDIAIRES, pour arriver aux fonds qu'il s'agit d'arroser ; et, dans l'espèce, il n'y a pas de ces fonds intermédiaires, ou ce qu'il y en a ne tourne pas l'argument contre nous. Ce n'était point un passage pour des irrigations : car des irrigations ordinaires, telles qu'on les suppose partout et telles qu'elles doivent être , ne donnent pas des résidus qui sont des *masses d'eau,* destinées à s'arrêter forcément aux pieds de nos murs et à nous causer tout le mal dont nous avons déjà parlé. Ainsi , le liquidateur trompait l'autorité par une telle demande , il l'induisait , sous une apparence de droit légitime, dans la plus grave des erreurs. Il n'avait point en vue des irrigations ordinaires, telles que celles qu'on applique aux pâturages ou marais ; mais il méditait déjà ce qu'il devait accomplir plus tard, l'introduction du frai du Rhône, des poissons du Rhône, le rafraîchissement de ses étangs , des inondations permanentes se résolvant en un fléau pour notre commune.

Il n'est pas sans intérêt de juger la conduite du liquidateur à son début, de voir comment il procède ; en le suivant pas à pas , on se rendra mieux compte du but fatal qu'il veut atteindre , des moyens qu'il emploie , des contre-vérités qu'il affirme et des contradictions qu'il soutient avec la plus imperturbable des résolutions.

Sur cette demande du 6 avril 1852, le conseil municipal de notre commune est appelé à délibérer, et il répond le 10 mai suivant , par la magnifique délibération rapportée page 12 et suivantes de notre premier mémoire. C'est là, que les *illitérés* des Saintes-Maries repoussent, avec une vérité que rien n'a effacé et n'effacera , « le *demandeur qui a un tout autre projet que d'écouler les eaux* », rejettent sa demande et proclament que le maire a bien mérité de la commune !

Voilà le début du liquidateur! Voilà aussi sa première déroute !

Un homme comme lui ne pouvait pas se décourager ; car son intérêt était grand et plus grand même que nous ne l'avions supposé jusques à présent, ainsi que nous le dirons ci-après, en nous appuyant sur des communications importantes qui nous ont été tout récemment faites...

Le 20 juin 1853 , le liquidateur ajourne la commune ; le 26 , la commune est appelée à délibérer sur cet acte d'agression ; et persistant dans ses intelli-

gentes et énergiques résolutions , le conseil municipal proclame que « les intérêts d'une commune ne sau-
» raient *être sacrifiés* A DES SPÉCULATIONS PARTICU-
» LIÈRES *dont le but et les conséquences funestes au*
» *pays et contraires à la loi invoquée*, paraissent avoir
» été suffisamment développés... »

Voilà une deuxième déroute pour le liquidateur , non moins complète que la première! Cependant , il il ne s'arrête pas ; il se remue, il s'agite, se *bat les flancs*, suivant son expression, court, visite, péti- tionne, enlace, séduit , etc. ; rien n'aboutit ! !

C'est le 20 juin 1853 , que le liquidateur avait ajourné la commune ; les 9 , 10 et 11 mars précédent (c'est lui qui nous l'apprend page 9 de son *factum*) , il avait provoqué une expertise accablante de la part du juge de paix des Saintes-Maries... Et malgré cet *imposant* document , malgré le travail de l'ingénieur Poulle du 29 avril 1837 , malgré l'opinion travestie des ingénieurs Surell et Montricher , des 30 avril et 31 mai 1850, le liquidateur n'avance pas !! Toutes ces autorités dont son dossier est rempli ne lui donnent pas le courage de continuer son instance. Il faut dire le mot : IL N'OSE PAS ! ! Le Conseil municipal lui fait peur... Les délibérations des 10 mai et 26 juin l'ar- rêtent court ! Et son procès , *commencé le 20 juin* , en était encore à l'ajournement *plus de deux ans après ! !* — Cependant, si sa demande était juste , si elle était fondée et sérieusement fondée sur la loi *An- geville*, pourquoi ne pas provoquer une décision des tribunaux ? Mais le liquidateur savait que ses moyens seraient rapidement réduits à leur valeur ; et il n'avait voulu que se livrer à des communications qui n'avaient ébranlé personne ni intimidé des *illitérés* qui lui avaient prouvé que tous ses calculs étaient impuissants...

Il était donc certain pour le liquidateur, qu'il ne passerait JAMAIS ! Que va-t-il faire ? C'est ici que nous entrons dans une nouvelle phase de la question. Nous allons en rappeler les termes avec toute la modération que les faits nouveaux nous imposent. Le lecteur les jugera, nous ne saurions le faire sans aller trop loin...

La chronologie est une bonne chose : elle empêche la surcharge des idées ; elle détruit la confusion ; elle met à nu tous les faits et laisse les appréciations libres sur le terrain de la vérité et de la moralité.

Soyons donc esclaves des faits et du temps pendant lequel ils se sont produits.

Le 14 juin 1855, M. Digoin est nommé maire ; il nous dit (p. 7) qu'il ne l'a pas *ambitionné...* Ne nous arrêtons plus à cela.

Le 22 du même mois de juin, il est procédé à l'élection d'un conseil municipal nouveau, qui compte dans ses rangs *quatre* fonctionnaires publics, *quatre* fermiers de la Société agricole, *un* ancien maire qui donne sa démission aussitôt après l'élection (M. Trotebas), *un* propriétaire (Robert), qui a refusé de prendre part à aucune délibération, — *un* riche propriétaire d'Arles (M. Desplan), décédé il y a trois ou quatre ans : voilà le Conseil, auquel il faut ajouter encore une individualité aux gages de la Société agricole presque aussitôt après l'élection. En sorte que la partie active et réellement agissante du Conseil dans les actes dont nous aurons à parler se borne généralement à 9, le maire compris, c'est-à-dire 4 fonctionnaires publics dont un salarié par la Société agricole, et 4 fermiers de celle-ci, le tout présidé par M. Digoin, maire des Saintes-Maries. N'oublions pas que M. Digoin est l'un des plus forts actionnaires *du Château*, et que l'intérêt de celui-ci va se confondre avec les intérêts de notre commune : on pressent les conséquences de cette grave confusion...

Avant d'être maire, c'est-à-dire les 12 et 15 février 1855, le liquidateur, ainsi que nous l'apprend le décret du 19 août—1er octobre 1856, relatif à la digue à la mer, avait, de concert *avec les propriétaires des étangs salés* et *des terres du bassin des Saintes-Maries*, souscrit une soumission « ayant pour objet la cons-
» truction, à leurs frais, d'une digue intérieure des-
» tinée à séparer le *Valcarès* des étangs du littoral,
» et l'ouverture également à leurs frais d'un canal tra-
» versant l'étang de *Ginès* pour jeter dans le Petit-
» Rhône les eaux du bassin des Saintes-Maries. »

A cette époque de février 1855, le liquidateur qui ne confondait encore en lui que son titre de liquidateur et d'actionnaire du Château, soumissionne pour les *étangs salés* de la liquidation, pour les terres du *bassin des Saintes-Maries* qui appartiennent à la liquidation, *sans le consentement* des habitants et du Conseil, *à l'insu* de ces habitants et du Conseil !! Et la digue *intérieure* qu'il réclame lui est accordée *sans suppression des écoulages alors existants* dont il n'aurait pas osé demander la transformation. — Et

quand il parle d'un canal à ouvrir, — qu'on le remarque bien! — il se hasarde à dire qu'il traversera
l'étang de *Ginès ;* mais il se garde bien d'avancer qu'il
se jettera dans l'étang des *Launes...* Il ne veut poser
qu'une pierre d'attente ; et, quand le moment sera
arrivé, tout ce qui est vague aura été *clairement* dé-
fini et annoncé par ce vague lui-même et devra passer...

Au surplus, cette soumisssion de février 1855 ne
se rapporte ni aux irrigations, ni au drainage, ni
aux écoulages. C'est un acte tout personnel à la Société agricole, qui ne nous engage ni comme particuliers ni comme commune. Et quant au canal vaguement indiqué comme devant traverser *Ginès*, il
n'attaque pas notre salubrité, nos intérêts matériels.
En traversant *Ginès*, il pouvait être conduit ailleurs
que dans les *Launes* pour arriver au Petit-Rhône et
ne pas ainsi nous faire de mal. — Dans tous les cas
possibles, cette soumission tient à une spéculation
particulière tout à fait en dehors de nos intérêts ; c'est
un *res inter alios acta* qui, jusqu'à présent, n'impli-
que pas.

Toujours avant d'être maire, le liquidateur qui
avait été repoussé sur la question des irrigations,
comme nous savions qu'il les entendait et les entend
encore, s'adresse, *le 21 décembre 1854*, à M. le
Préfet, pour être autorisé à l'effet de poursuivre la
commune « pour obtenir la servitude de passage
» d'eaux, autorisée par la loi du 10 juin 1854 et né-
» cessaire à l'écoulement *des eaux nuisibles* qui sub-
» mergent les propriétés du Château, etc. »

Les 7 janvier et 11 février 1855, le Conseil délibère encore et, pour la quatrième fois, malgré de graves changements déjà opérés dans l'état moral du Conseil, on ne peut venir à bout de s'entendre.

Enfin, le liquidateur occupe le fauteuil de maire et les choses changent soudainement...

Le 3 avril 1856, il propose un traité en 14 articles, précédé *de huit considérants* fort éloquents et parmi lesquels on remarque celui-ci : « Considérant »[que la loi du 10 juin 1854 sur le drainage et le libre écoulement des eaux donne au demandeur le » droit d'établir le canal et système d'écoulage par » lui projeté, etc.» Tous les autres considérants ne font que répéter *tous les avantages* inappréciables que le canal va produire, etc...

N'en déplaise au Conseil et à M. le Maire, ce n'était point une question de drainage. Il ne s'agissait pas plus le 3 avril 1856 qu'aujourd'hui d'*eaux nuisibles.* Les eaux qui ont ce caractère — qu'on lise la loi de 1854 et ses commentaires — sont les eaux de pluie, de source, les eaux naturelles *qui nuisent*, qui incommodent la propriété, mais non des eaux artificielles, des eaux de spéculation, des eaux introduites constamment et le jour et la nuit, non pour arroser mais pour rafraîchir, remplir, faire gonfler des étangs, pour amener du frai et des poissons, etc. Non, la loi sur le drainage n'a point été faite pour servir de tels intérêts ; elle n'a point été faite, surtout pour fournir l'exemple d'une monstrueuse contradiction : car, si la loi autorise le Château à drainer, c'est-à-dire à se débarrasser des eaux nuisibles, est-ce pour venir nous inonder ? Que devient alors, pour nous, la loi du drainage ?

Le conseil, selon nous, se trompait donc évidemment. Ce qui eut dû lui ouvrir les yeux, ce n'est pas seulement ce qui se rapporte au poisson dans les articles 5, 8 et 14, qui reconnaissent au Château des droits ou des facultés qu'il n'a jamais eus, et qu'il ne saurait avoir acquis en vertu de ce traité, mais en particulier l'article 4, que nous avons déjà précédemment reproduit. On y voit que le liquidateur est maître de la hauteur des eaux, puisque, suivant les cas, il s'oblige à en réduire le volume. D'où la conséquence que ce n'est point un drainage dans le sens de la loi de 1854 ; ce n'est qu'une servitude énorme, une aliénation de territoire sans indemnité, sans profit ; que disons-nous, c'est notre territoire, nous avons le droit de le dire, mis à la merci de la Société agricole avec tous les dangers et les préjudices que nous avons déjà signalés.

Si ce traité du 3 avril 1856 est justement repoussé par nous, s'il ne consacre point un drainage, mais une inondation permanente, cependant il renferme le principe des indemnités que nous avons à réclamer en cas de préjudice matériel, notamment dans ses articles 4 et 12, que nous nous réservons d'invoquer devant les tribunaux ordinaires, sans préjudice de tous autres droits.

Mais le liquidateur, qui a successivement invoqué la loi de 1845 et qui l'a délaissée, — celle de 1854, qui lui est peu applicable, — et le traité du 3 avril 1856, que nous venons de rappeler, fait bon marché de tout cela pour se retrancher dans le décret du 19 août 1856, relatif à la construction de la digue à la mer, parce que ce décret renferme la soumission des propriétaires d'étangs salés, et indique un canal, ainsi que nous l'avons rappelé. Nous persistons dans nos observations. *Le moment est arrivé* pour le liquidateur de donner sa soumission, comme ayant une valeur décisive. Il fera le canal où il voudra, quoique la soumission ne le dise pas d'une manière précise, et que cette soumission n'ait point été acceptée par nous, soit *ut singuli*, soit *ut universi*.

Si le traité du 3 avril 1856 lie la commune, la soumission des 12 et 15 février 1855 ne la lie pas. Et en le soutenant ainsi, nous sommes d'accord avec les actes de l'autorité publique et notamment avec l'arrêté de M. le Préfet du *19 février 1857*, qui vise tout notamment la loi du drainage de 1854, mais non la soumission de février 1855.

Sur cet arrêté du 19 février 1857 lui-même, nous nous en référons aux observations qu'il nous a précédemment suggérées. Seulement, ce qui domine en lui, ce n'est pas seulement la volonté du bien, mais la citation et l'invocation de la loi en vertu de laquelle on veut le faire ; nous voulons reparler encore de la loi de 1854. — L'arrêté de 1857 consacre nos droits à une indemnité.

Nous avons dit que l'opération de M. Digoin, présentée par lui comme un drainage, sollicitée comme ayant ce caractère, autorisée par l'autorité supérieure comme un drainage au premier chef, n'y ressemble en rien ; et c'est M. Digoin qui va nous l'apprendre lui-même, dans un document qui n'est tombé entre nos mains que depuis quelques heures. Il est assez

important pour que nous en donnions une rapide analyse :

Rappelons certains faits essentiels :

En 1836, le 25 avril, M. le comte de Bouillé fonde
la Société agricole au capital de *sept millions.* Le
fonds n'avait été acheté que 700,000 francs. On y
avait joint quelques étangs. La spéculation avait considérablement élevé le capital social...

Cette Société tombe, par suite de ses maùvaises
affaires, en liquidation : on l'avait prévu dès le début.
L'exagération tue...

M. le comte d'Orcières est nommé liquidateur. En
1846, et les 19, 20, 21 et 25 novembre, M. d'Orcières vend à la Société *Lichteinstein-Wurtphall et C*ie,
au prix de *deux millions,* sur lesquels 800,000 francs
ont été payés.

Cette Société n'est pas plus heureuse que la première, malgré le prix réduit de son acquisition, et le
16 octobre 1851, après avoir essuyé les rigueurs d'un
commencement d'expropriation, elle rétrocède son
acquisition à la liquidation d'Orcières.

Mais comme la société *Lichteinstein* avait payé un
à-compte important — 800,000 francs, formant presque la moitié de son prix — on ne voulut pas être
inexorable envers elle ; et à titre d'indemnité, on
a consenti, à l'occasion de la rétrocession dont s'agit,
à lui laisser en propriété *les trois quarts des étangs
salés.* La Société agricole avait intérèt à se montrer
généreuse ; car une expropriation, suivie de vente,
mettait à découvert le chaos de la Société agricole, et
cela pouvait contrarier certains intérêts.

Par l'abandon des *trois quarts* des étangs salés à la société *Lichteinstein*, la société agricole perdait une valeur importante. Elle s'est encore amoindrie par la vente d'un domaine assez considérable, — *le Pébre*, — vendu à M. Mistral au prix de 130 ou 140 mille francs.

Les étangs salés, renfermés dans la première zône, sortis des mains de la société agricole, qui n'en possède indivisément plus qu'un quart, ont amené des modifications capitales dans le régime des eaux.

La société agricole n'est plus exclusivement maîtresse du *Valcarès*. Elle a un traité avec la société *Henri Merle*, qui paye au Château une redevance importante pour la ferme de ces eaux. Il parait même que nous touchons au terme prévu dans ce traité pour obtenir la vente des eaux actuellement affermées. Cette vente consommée, le Château n'aurait plus rien à voir sur les étangs salés.

On comprend que cette séparation des étangs salés et entr'autres le *Valcarès*, du fonds social du Château, a créé forcément la suppression d'une foule de servitudes. Celle des écoulages naturels, artificiellement disposés pour être rendus plus utiles, — l'appropriation des eaux salées à des industries nouvelles et la nécessité de prévenir des mélanges avec les eaux douces qui auraient appauvri leur valeur, ont dû amener de graves perturbations dont la liquidation a *cherché à se refaire* par d'autres moyens. La digue à la mer et toutes les conséquences faussées, exagérées qu'on lui suppose ont admirablement servi les projets de la Société agricole. Il lui a été possible de faire

prendre le change sur une infinité de choses , de
jeter l'équivoque partout et au sein des actes nombreux qu'elle a provoqués , obtenus , on a perdu de
vue la destination des roubines qui abreuvent et qui
arrosent mais qui n'inondent pas , — les écoulages
naturels que tout le monde possède en Camargue et
ne songe plus à modifier , — le grand récipient naturel de la Camargue , le Valcarès, qui est enlevé à
sa destination naturelle telle qu'elle est de temps immémorial, telle que voulaient la maintenir les Surell et
autres. Et au milieu de toutes les confusions créées
autour de cette digue à la mer , qui ne s'en serait
jamais douté , la liquidation exécute le canal des
Launes en représentant, « comme absolument insuf-
fisant , » l'écoulage des *Cinq-Gorgues* , qu'on tient
hermétiquement fermé , et celui des *Eventails,* beaucoup moins important (V. l'exposé du liquidateur à
la séance du 3 avril 1856).

On le voit : depuis la rétrocession faite par la société *Lichteinstein* , de graves changements sont sur-
venus dans les intérêts de la société agricole. Le
capital social a été démembré ; et ce démembrement
a causé de grandes perturbations. Nous n'avions pu ,
jusqu'à ce moment, que les entrevoir et nous livrer,
à leur égard, à des appréciations incomplètes ; mais,
aujourd'hui , si nous ne savons pas encore tout, nous
sommes mis, ainsi que nous l'avons annoncé , sur la
voie de la vérité par le liquidateur lui-même.

Nous avons, sous les yeux, les *statuts de la Compagnie du delta du Rhône* , reçus par M⁰ Coste et son
collègue , notaires à Lyon, le 8 septembre 1859.

On voit que M. Digoin, auteur de ces statuts, ne ménage rien dans le titre et qu'il donne à la société future la plus belle enseigne : COMPAGNIE DU DELTA DU RHONE ! Ce n'est plus la modeste société agricole de la Basse-Camargue, mais la Camargue *tout entière* qui sert de façade à la nouvelle compagnie : le coup de caisse est bien porté !.. C'est en diminuant le capital qu'on grossit l'annonce... passons.

L'exposé du liquidateur devra être pompeux. Voici venir, depuis 1852, « ses succès croissants, » la force qu'il a reçue des avis du comité et de sa CONTINUELLE » *surveillance...* » Comme l'un des *principaux résultats* qu'il a obtenus, il signale « LA RENAISSANCE et » le *développement d'importantes pêcheries* (p. 4)!...» » des *écoulements* et une *multitude* de *dispositions fé-* » *condes pour le présent* et, SURTOUT, POUR L'AVE- » NIR ! » « Les succès obtenus en font apercevoir » d'autres...; *le complément d'organisation des pêche-* » *ries* (page 5).»

Tel est le côté principal de l'exposé de M. Digoin, rehaussé des sinistres de 1856, d'autant plus grossis qu'ils offrent au liquidateur l'occasion de relever l'habileté de celui qui les a effacés et fait oublier par des *succès croissants...*

Et M. Digoin parle ainsi à cent dix-neuf actionnaires qui se divisent les 2,380 parts qui leur sont afférentes et parmi lesquels lui, Digoin, se trouve, comme nous le pressentions plus haut, le plus fort (1).

---

(1) M. Digoin possède à lui seul 484 parts 553 millièmes, — M. Belland, 357 parts 538 millièmes, — M. l'Huillier d'Orcières,

On n'a jamais connu , pas plus aux Saintes-Maries que dans le chef-lieu du 3e arrondissement des Bouches-du-Rhône, ces fameux statuts du *delta du Rhône!* On en a ignoré jusqu'au premier mot ; et il a fallu *bien des choses* pour les connaître.

Ils sont là maintenant ! Nous en· connaissons le préambule. Nous saurons bientôt le reste...

On a vu, dans un résumé fidèle , ce qu'y raconte M. Digoin. Y parle-t-il d'irrigations , de drainage , etc., etc. ?.. Y rappelle-t-il les luttes sérieuses qu'il a soulevées , les intérêts graves qu'il a compromis, la conduite qu'il a tenue et qui excite une si universelle réprobation parmi nous ? Non !

Il est en famille ! au milieu de ses pairs ! il raconte sa gloire comme un conquérant qui vient de soumettre des peuplades infidèles par delà l'Atlas... Il dit comment il a vaincu les résistances qu'il a rencontrées et les *succès croissants* qu'il a obtenus et qui sont bien loin des motifs administratifs qu'il a fait viser dans les arrêtés et les décrets...

Le liquidateur n'est entendu que de ses amis ; et il ne se gêne pas. Il ne lui vient pas dans l'esprit et il ne

170 parts et 12 millièmes ; — la succession Barreau, 123 parts 490 millièmes ; — M. Dassier , banquier, 101 parts 326 millièmes ; — M. le vicomte de Montaigu, 63 parts 323 millièmes ; — M. le vicomte Robert de St-Vincent, 63 parts 323 millièmes ; — M. Petit-Enfer, 41 parts 164 millièmes ; — M. Ernest de Ribes, 34 parts 831 millièmes ; — M. le comte de Gaut, 88 parts 660 millièmes ; — parts appartenant à des propriétaires inconnus à l'époque des statuts, 93 parts 93 centièmes. — Ces dix têtes représentent à elles seules 1,657 parts! Les 723 restant sont partagées entre plus de cent personnes. — M. Digoin, comme on le voit , est *le plus fort...*

peut pas y venir que cette *intumescence* d'éloges qu'il donne , sans que cela paraisse , à sa conduite , puisse être entièrement connue par nous. Comme on le dit très-vulgairement : IL SE DÉBOUTONNE !... Voyons le donc dans son déshabillé...

De quoi parle-t-il donc comme cause *principale* d'amélioration, pour réveiller les sympathies mortes sur le château Davignon, pour ranimer les appétits éteints, pour remuer les fonds et les appeler ?... Il parle de la *renaissance* (ce mot est curieux!) et du développement d'anciennes pêcheries, *du complément d'organisation des pêcheries !!!* Oh! que le Digoin-vrai, le Digoin-naturel est bien là !!.. Que nous sommes loin de l'exposé des motifs de la délibération du 3 avril 1856 ! que nous sommes loin des avantages *matériels , agricoles et hygiéniques* conquis par notre population ! que nous sommes loin de toutes ces belles déclamations prédisant la fortune et la prospérité de notre misérable commune jetée par ces mesures funestes dans une si profonde désolation !...

La renaissance des pêcheries ! le complément des pêcheries !! Quelle amère dérision !!! Et c'est nous qui devons en faire tous les frais ! et c'est nous qui , sans être nommés (car nous nous effaçons derrière l'habile liquidateur), procurons à M. Digoin l'occasion de se placer sur un si beau piédestal !

Et de quel droit *renaissent* ces pêcheries qui n'ont jamais existé ? De quel droit ce *complément* que nous ignorons encore et qui nous promet d'autres éléments d'accroissement à notre ruine publique et privée ? Que deviendrons-nous , grand Dieu ! avec *celle multitude de dispositions* FÉCONDES *pour le présent comme pour l'avenir !!...*

Voilà, nous l'espérons, la loi de 1845, celle de 1854, la digue à la mer, les arrêtés et les décrets que nous avons rapportés, bien expliqués ! On voit ce qu'a voulu le liquidateur - maire, pourquoi il l'a voulu : la lumière est faite. Eclaire-t-elle la vérité produite devant l'administration publique ou l'intérêt reconnu du liquidateur, propriétaire de *quatre cent quatre-vingt - quatre parts* dans la Société du *Delta du Rhône ?*

Ne soyons plus étonnés maintenant de son langage au pied des procès-verbaux que nous avons fait dresser, de ce qu'il appelait des *attentats* à sa propriété! Ne soyons plus étonnés de ses étranges prétentions à introduire le frai et les poissons du Rhône et à revendiquer des droits aussi absurdes que nouveaux! Soyons-le moins encore d'entendre sans cesse dans sa bouche les noms des Poulle, des Surell et des Montricher, qui ne se sont jamais doutés de l'interprétation donnée à leurs plans, à leurs projets, à leurs vues d'amélioration !

Ce qu'a voulu le liquidateur, en particulier, ce n'est pas le desséchement et l'arrosage combinés, c'est de l'eau, toujours de l'eau pour remplir, pour gonfler ses étangs, pour faire RENAITRE des pêcheries jusque là sans poissons pour quelques unes ; c'est le *complément* de pêcheries inconnues, c'est un régime inoui pour nos contrées, c'est l'inondation permanente, la ruine de nos propriétés, colorées du bien public.

Si ces pensées du liquidateur n'étaient pas suffisamment traduites dans les paroles que nous avons rapportées de son exposé, nous en trouverions la confirmation complète dans ses statuts du *Delta du Rhône*. — En énumérant, article 3, les biens mis en société nous lisons, § 4, que ces biens consistent « en deux » grandes pêcheries, l'une au quartier des Cinq-Gor- » gues et l'autre à celui du Pont-de-Gaud, alimentées » par plusieurs étangs portant les noms de Conséca- » nières, Ginès, LAUNES, etc. »— Ainsi les Launes, qui étaient un étang presque toujours à sec en été, son *une pêcherie*, alimentant d'autres pêcheries... A ce titre, il faut que les Launes soient toujours remplies d'eau, aussi bien de celle du Rhône que de celle de la pluie. Il faut que cet étang, autrefois accidentellement envahi par la mer, soit constamment rempli d'eaux douces qui ne s'écoulent pas et ne peuvent pas s'écouler ; etc.

Voilà donc encore un aveu précieux ! Les *Launes* sont *une pêcherie !!* — Le liquidateur disait-il cela au conseil municipal de notre ville le 3 avril 1856? Qu'on compare les promesses du Maire en 1856 aux amorces du liquidateur en septembre 1859 et l'on jugera tout le mystère de cette entreprenante qualité.

Vient ensuite, dans les statuts du *Delta*, l'indication de l'indivision de l'intérêt de la Société agricole déclarée, § 6 du même article 2, au sujet du Valcarès. Les biens de la Société consistent encore « dans » un quart indivis du grand étang salé de Valcarès » occupant le centre de la Camargue. » Et plus bas, page 9, « de 300 actions de 500 fr. l'une, *en capital*, » dans la Société des produits salins *Henri Merle &* » *Comp...* Ces actions sont entièrement libérées. »

Cette indivision authentiquement révélée dans la propriété du Valcarès, cet intérèt, également déclaré et assez important dans la société *Henri Merle*, qui n'étaient qu'une présomption pour nous, il y a quelques heures, et qui prennent le caractère de la plus entière certitude, expliquent et au delà tout ce que nous avons précédemment avancé : création de pêcheries, suppression de pêcheries, modification profonde du régime des eaux pour servir des intérèts industriels, trouble dans tous les intérêts séculaires de la Camargue, triomphe d'une spéculation particulière sur l'intérèt général et public : tel est l'état nouveau! durera-t-il ?

Nous n'avons pas à nous occuper, pour le moment, du surplus des statuts du *Delta*. Que la future Société doive durer 50 ans, qu'elle ait pour administrateur un *co-propriétaire*, que celui-ci soit ou non la *personnification* de la Société, que sa dynastie soit perpétuelle dans le gouvernement du Château, etc., peu nous importe.

Mais ce qui nous intéresse, c'est l'existence même de ces statuts, leur vie, leurs fonctions. Il est dit dans l'article 23, page 22, « qu'ils seront soumis, dans le » délai de quatre mois, à l'acceptation de chacun des » intéressés... » ; le consentement des 7/8 suffit pour les rendre définitifs. Dans le cas contraire, ils seront réputés comme non avenus.

Ce délai de quatre mois est expiré depuis le 8 janvier de cette année 1860, et rien n'est venu nous apprendre que ces statuts soient devenus la loi nouvelle de la Société agricole de la Basse-Camargue.

L'honorable actionnaire, auquel nous devons la communication de tous les renseignements que nous avons rapportés plus haut, nous a laissé entrevoir que la répulsion des statuts du *Delta* n'était pas seulement dans les pouvoirs longs et dictatoriaux de l'*administrateur-co-propriétaire*, mais encore dans l'*abonnement et le préciput proportionnel* établis en sa faveur par l'article 11, page 15...

A cette occasion, l'actionnaire dont s'agit nous a révélé — ce que nous refusons de croire — que la liquidation ne payait pas de dividende!... Comment! cette *fatale* année 1856, qui a donné pour plus de 60 mille francs de poissons, ces pêcheries *re-nées*, ces dispositions si fécondes pour le présent et l'avenir, ces traités avec Henri Merle, cette digue à la mer, tous ces beaux domaines dont nous avons étalé les produits, ne donneraient pas de dividende!!... Cela est impossible, et l'actionnaire se trompe évidemment.

Sans doute, l'intérêt du capital *Bouillé* était une grosse illusion; mais l'intérêt du capital *Lichteinstein* n'était pas une duperie. Et aujourd'hui, avec les améliorations magnifiques de M. Digoin, en y joignant l'intérêt qu'a le Château dans la société *Henri.Merle*, il est impossible qu'il n'y ait pas de dividende.

Si, cependant, nous nous trompions; si, malgré nos recherches, nos supputations, nos calculs consciencieusement faits, nous nous trouvions dans l'erreur; si ce que nous avons présenté comme recettes en 1856 et années suivantes sous le rapport de la pêche, par exemple, d'après la notoriété publique, n'existait pas, nous n'aurions aucune peine à revenir d'une erreur involontaire. Si , en effet , ce que nous affirme l'actionnaire dont nous avons parlé est vrai , que cela signifiera-t-il ? On a besoin de se recueillir pour porter un jugement.

Notre double situation administrative et judiciaire se résume , maintenant , d'elle-même.

Sous le rapport administratif , les arrêtés et les décrets dont nous avons parlé n'ont rien de définitif, à la digue à la mer près. On a toujours le droit de demander la suppression d'une œuvre qui porte atteinte à l'ordre comme à la santé publics. Nous sommes au conseil d'Etat sous ce rapport , et nous espérons bien que les vérifications demandées et que l'autorité réclame, seront fournies *en dehors de toutes les influences* de la société agricole. Nous ne doutons pas que la vérité produite n'amène le comblement du canal des Launes, c'est-à-dire le rétablissement des lieux dans leur ancien état.

En attendant , le principe des indemnités , réservé à notre profit par les articles 4 et 12 du traité du 3 avril 1856 , a été mis en activité sous une mauvaise forme pardevant le juge de paix de notre canton. Dans l'ignorance où nous étions de bien des choses et pour ne pas laisser périmer nos procès-verbaux , nous avons introduit une demande pour dommages aux champs, conformément à l'article 5 de la loi de 1838, lorsque nous devions attaquer devant les tribunaux ordinaires. C'est ce que nous allons faire maintenant en renouvelant, sous le rapport des dommages , toutes nos prétentions précédentes ou plutôt en réclamant des dommages à fixer par états , vu leur

permanence. Nous continuerons de procéder ainsi,
tant que le funeste provisoire qui nous ruine, durera.
— M⁰ Martin-Raget, avoué près le tribunal civil de
Tarascon, est chargé de nos intérêts à cet endroit.

Quant au surplus de nos conclusions, qui offusque
tout particulièrement le liquidateur, nous les maintenons dans leur entier pour le faire triompher par
toutes les voies administratives : c'est notre droit.
Libre au liquidateur de ne pas juger nos réclamations
comme sérieuses. Nous avons lieu de croire que,
dans la commune des Saintes-Maries, il trouvera peu
de monde de son avis.

XV.

Dernière situation.

L'argument le plus décisif contre le liquidateur,
c'est l'état actuel des lieux.

Le liquidateur a tant parlé de la digue à la mer
et de ses bienfaits, il a tant dit des inondations de
1853, 1854 et 1855, dont nous n'avons jamais eu de
nouvelles que dans son *factum*, il s'est fait, auprès de
ses 119 actionnaires, un moyen de séduction si grand
de l'inondation de 1856, qui lui a donné tant de
poisson, il a cherché à démontrer par tant de moyens
qu'il allait ouvrir une ère nouvelle de *desséchement*
et de prospérité pour nos régions, qu'il est temps de
voir le résultat final de toutes ses promesses, de toutes ses curieuses prophéties.

Or, voici l'état des lieux tel qu'il est décrit sommairement le 20 juillet 1860, par l'un de nous, et transmis à notre conseil ; nous défions de le contredire :

« Les *Launes* sont presqu'aussi pleines, *aujourd'hui,*
» que dans le mois de mai dernier...

» Dimanche, 15 du courant, on a fait faire un ba-
» tardeau au canal qui vient du Rhône aux *Launes* ; et
» lorsque ce batardeau a été fait, les eaux du Rhône
» étaient plus *hautes de* VINGT-CINQ centimètres *que*
» *celles des Launes.* Il est donc bien reconnu que
» jusques au dimanche, 15 du courant, les eaux du
» Petit-Rhône entraient dans les *Launes*, à travers
» des *plancaux qui servaient de vanne* d'après le dire
» de M. Digoin. — Le batardeau a été fait par le sieur
» Roustand.

» Maintenant, les eaux nous arrivent dans les *Lau-*
» *nes* par Consécanière, Ginès et les Grandes-Massou-
» cles, ce qui prouve que le canal n'est pas fermé à
» l'entrée des *Launes* par un batardeau. Il est seule-
» ment fermé par quelques planches non ajustées,
» qui n'empêchent nullement la circulation des eaux.»

Voilà la situation, toujours la même, toujours s'aggravant !

Il est donc bien démontré que l'émissaire de *Pavellas* n'est point un émissaire, mais un canal d'inondation continue. Et si M. Digoin avait permis aux gardes de nous obéir, nous aurions des centaines de procès-verbaux qui le constateraient. Mais tout le monde le sait, le voit chaque jour : en faut-il davantage ?

Il est démontré qu'au lieu de nous dessécher et de nous donner de salutaires et fécondes irrigations, il nous inonde à perpétuité.

Il est démontré que les Launes, presque toujours complètement à sec en juillet, renferment, vers la fin de ce mois, plus d'eau que dans les années les plus pluvieuses, les plus calamiteuses.

Il est démontré d'une façon aussi claire que la lumière du jour, qu'aucune pluie n'est venue, cette année, nous incommoder ; que l'eau de la mer n'a pas pu nous visiter, et que, cependant, nous sommes dans un état bien autrement pire qu'avant la digue à la mer et à la suite des pluies les plus désastreuses !...

Il est démontré, enfin, que la digue à la mer, entendue comme le liquidateur la comprend, n'aboutirait qu'au mal.

Après l'état déplorable des lieux, viennent les préjudices qui en dérivent. Le même intéressé ajoute dans sa lettre du 20 juillet précité : « il nous est im-
» possible de transporter des engrais sur nos terres, soit à cause de l'eau, soit à cause de la boue !...

» Nous nous voyons dans l'impossibilité de faire
» faucher de la litière dans nos marais communaux,
» comme les autres années, à cause de la présence
» et de la hauteur des eaux !...»

Voilà les bienfaits dont nous a comblés le liquidateur ; voilà la prospérité dont il a apporté les éléments parmi nous ! nous ne pouvons aborder nos terres avec des charrettes ; nous ne pouvons y apporter du fumier ; nous ne pouvons profiter de nos marais communaux ! Que nous a-t-il donc donné, le liquidateur, dont nous puissions le remercier ?

Ce qu'il nous a donné, par surcroît, ce sont des miasmes méphitiques ; ce sont des exhalaisons aux

pieds de nos murs , à nos portes ; c'est un état permanent, un foyer de corruption , un cloaque qu'il a
placé comme ceinture autour de la commune des
Saintes-Maries ! Voilà pour nous le terme de ses progrès , de ses améliorations !

Et quand M. le Préfet , dans son arrêté du 19 février 1857 , déclarait , comme nous l'avons déjà rappelé , « que le canal projeté était avantageux à la
» commune sous le triple rapport de ses intérêts ma-
» tériels , agricoles et hygiéniques » , pouvait-il pré-
voir d'aussi funestes résultats !

Si l'erreur a été involontaire , si ses conséquences
sont aussi désastreuses que nous le signalons , il est
temps , toujours temps, d'en revenir.

M. le Préfet veut le bien partout , aux Saintes-Maries comme ailleurs. Il ne s'agit pour lui , que d'être
éclairé.

Qu'il nous soit permis , en terminant ces observations déjà trop longues , d'exprimer le vœu que les
vérifications à faire sur les lieux , soient relevées par
des hommes capables , à l'abri des influences de la
Société agricole, sans quoi tout serait à refaire.

Il y a , sur les lieux , des lois écrites par la nature.
On a , jusqu'à ce jour , cherché à les éluder. On ne
viendra pas à bout de les détruire. Les reconnaître et
les déclarer sera condamner à jamais le canal des
Launes et rendre ainsi la vie à la plus malheureuse
des communes de France.

Dans la rapidité avec laquelle nous avons dû rédi-
ger ce travail , nous n'avons pas pu parler du décret
du 14 août 1859 invoqué par le liquidateur, page 16 de

son *factum*, parce que nous ne l'avons pas trouvé au Bulletin des lois. Dans la lecture qu'il nous a été permis d'en faire aujourd'hui seulement, 21 juillet 1860, nous n'avons rien vu , dans les 41 articles dont il se compose, qui ajoute un moyen à ceux invoqués par le liquidateur. Il s'y agit purement de l'organisation du syndicat de la digue à la mer. Il n'y est question ni du canal des Launes, ni d'un syndicat pour ce canal.

Sous ce dernier rapport, notamment, — le syndicat, — si contre toute attente , tout droit, toute justice, le canal des Launes devait continuer d'exister, il devrait, comme les Martelières du Grand-Canal, de la Ballarine et de la Fadaise, être surveillé de jour et de nuit par des eygadiers *sous nos ordres*, par un syndicat désigné par nous afin d'empêcher, tant à l'entrée qu'à la sortie, tout le mal dont l'égoïsme du Château nous grève.

Mais , nous l'espérons bien , nous n'aurons pas à invoquer le bénéfice d'un tel pis-aller. L'Empereur a entendu nos plaintes ; il les a renvoyées à son Conseil d'Etat. Son Ministre de l'agriculture et du commerce en est saisi. Pour tout dire, en un mot : l'œil du maître s'est ouvert et, à cette hauteur, les manœuvres de la Société agricole, quelqu'habile qu'elle soit, ne prévaudront pas...

XVI.

Réponse particulière de l'avocat d'Arles à M. Digoin.

Il est facile de voir, Monsieur, que si vous avez cherché à flétrir mes clients, vous n'avez pas moins visé à m'atteindre tout particulièrement. Le titre de votre *factum* « réponse au libelle signé Billot, avo- » cat... » — « Un avocat d'Arles (première ligne du » factum) » indiquant clairement celui que vous choisissez pour victime. Votre début n'est pas seulement menaçant, mais peu poli. Vous désertez le ton courtois et les allures chevaleresques que vous avez voulu garder envers moi jusque à la veille de la publication de votre réponse : cela vous rappelle notre dernière rencontre à la gare d'Arles... Si la politesse vous abandonne, je ne vous le reprocherai pas. Chacun obéit aux instincts de sa nature ; et parce que vous m'aurez dit : « l'avocat... le libelle signé de...» je ne dirai à mon tour ni « *le Digoin*, ni autre chose de » même valeur. » C'est une écume de mauvaise odeur sur laquelle il faut se borner à souffler...

Après la menace et les... duretés viennent les accusations. En jetant les yeux sur votre tableau final, page 42, on voit que vous accusez carrément la délicatesse *de l'avocat...* D'après vous, j'aurais porté, comme signataires, *deux* individus qui n'auraient pas signé. Vous ne m'accorderiez ainsi que vingt-et-une signatures sur vingt-trois : il faudrait déduire encore, d'après vous, neuf illitérés , plus six autres ne possédant rien : ce qui restreindrait les signatures à la fois réelles et utiles, à *six*. Voilà un compte parfaitement fait.

Permettez-moi de vous dire que vous vous trompez à cet égard comme sur tant d'autres choses. Il n'y a ni vingt-trois, ni vingt-et-une, ni six signatures ; il *n'y en a pas une seule !* La mienne même n'existe pas sur le manuscrit ; elle y était écrite comme tout nom ordinaire , mais non comme signature. Cela doit vous contenter , sans doute.

Cependant, si mes clients n'ont pas *appliqué* matériellement leur signature, *ils ont voulu qu'elle le fût* ; ils ont tenu à honneur de voir leurs noms au bas de leur mémoire ; ils ont, par là, voulu se révéler à vous, comme liquidateur, d'une manière plus énergique. Pensez-vous que ce consentement , exprimé par écrit, par un seul comme mandataire de ses amis, ne suffise pas ? — Et puis qu'ai-je à vous prouver ? Ne pouvais-je pas me passer de tous les noms ? Le mien seul ne suffisait-il pas ?

Mais, direz-vous, il y en a toujours *deux* qui n'ont pas consenti. — Je vous répondrai : c'est possible. Je n'étais pas aux Saintes-Maries, quand il s'est agi de réunir le consentement demandé pour les signatures. Je me suis adressé au mandataire de tous et, en suivant la volonté qu'il m'a exprimée, j'ai ainsi obéi à la volonté de tous. Quant à Audibert fils, son père a consenti et lui aussi. Il prétend, contre les affirmations de son père , qu'il n'a pas donné de consentement. Nous savons pourquoi il en agit ainsi : Audibert fils *est votre employé*, il travaille dans vos pêcheries... — Quant à Jean Bertrand, son consentement m'a été garanti comme celui de tous les autres : cela devait me suffire. — De quel côté est la moralité, d'Audibert, de vous ou de moi ?...

Et vous savez mieux que personne qu'il ne pouvait pas en être autrement. Généralement, aux Saintes-Maries, et bien qu'une maison d'école y ait été construite, *on ne sait ni lire ni écrire*. Mais l'on peut charger un mandataire de le faire, on peut donner son consentement verbal de faire telle ou telle chose, et le consentement ainsi donné et prouvé suffit. — Sous ce dernier rapport, j'établirais également qu'*après la lecture du mémoire imprimé*, à tous mes clients rassemblés, ils m'ont exprimé, dans une correspondance qui a une date certaine, leur reconnaissance non moins chaleureusement qu'Audibert fils paraît l'avoir fait en répudiant, auprès de vous, la conduite si naturelle que mon premier mémoire lui suppose. Je crois que l'enthousiasme de nos clients est peu comparable au zèle peut-être imposé de vos employés, n'est-ce pas ?

Qu'ai-je besoin d'insister ? J'ai vraiment honte de me défendre sur un terrain pareil. Restez-y seul, si cela vous plaît, avec tous les *Audibert* qui vous plairont. J'ai la preuve du consentement de tous. Je l'invoque sans en avoir besoin. Il ne reste que vos misères, dont je n'ai que faire ici, et que vos imprudences peuvent regretter un jour..., liquidateur ! — Passons à autre chose.

Vous avez dit, page 26 de votre *factum*, que mes

clients étaient *presque* sauvages ; j'admire le tempé-
rament ; vous les avez accusés (ibid.) d'une façon que
je m'abstiens de qualifier, en invoquant, à leur endroit,
l'opinion de M. l'Ingénieur Poulle de 1837, que vous
vous êtes bien gardé de citer ; vous avez rappelé (voy.
p. 24, 25 et 26), les attentats *inouis* commis par ces
brigands de 1848...; et vous ne pouviez pas vous arrêter en si beau chemin... Après avoir ainsi résumé
cette population si docile et si simple, si ignorante sur
beaucoup de points, si illitérée d'après votre tableau,
qui manque à la carte de Dupin sur les appréciations
des zones intelligentes de la France, vous arrivez à
la page 40 de votre susdit *factum*, où vous vous
écriez : « Que reste-t-il au fond de leur mémoire ?...
» Désormais, dans une communauté d'habitants, les
» hommes qui possèderont les 99/100 du territoire
» commun devront, pour cause de suspicion légitime,
» s'abstenir et appeler à l'administration locale et aux
» destinées financières du pays ceux qui n'y auront
» presque pas d'intérêts. Nous avouons que nous ne
» comprenons ni la logique, ni la moralité de ce rai-
» sonnement. »

Et aussitôt après, toujours rempli de votre sujet,
vous ajoutez : « Cet étrange système n'est-il pas l'ex-
» pression *d'une pensée plus profonde !... Répandre*
» *le fiel* sur ceux qui, par leur fortune, tiennent l'un
» des premiers rangs dans leur pays, flétrir leurs ac-
» tes, incriminer leurs intentions, les représenter
» comme les *ennemis naturels de ceux qui possèdent*
» moins, ou qui *ne possèdent rien*, ce n'est pas d'un
» homme faisant partie de cette Compagnie d'élite

» (le barreau de Tarascon), à laquelle est confiée la
» défense des lois fondamentales de la société !»

En d'autres termes, Monsieur le liquidateur, les
personnes que je défends possèdent peu ou ne possèdent rien ; ils sont *presque* sauvages ; ils ont les instincts farouches et les appétits des partageux ; ils
sont les ennemis naturels de ceux qui possèdent
et possèdent beaucoup ; l'époque sociale de 1848 a
développé toutes leurs passions les plus subversives...;
et de telles gens ne pouvaient rencontrer pour les
soutenir qu'un avocat tel que moi : voilà bien votre
thèse.

Je ne reviens plus sur le caractère bien connu des
habitants des Saintes-Maries, ni sur celui de mes
clients en particulier. Leur honnêteté, leur docilité,
la simplicité de leurs habitudes comme de leurs
mœurs, leur ardeur pour le travail, leur respect des
lois et de l'autorité à toutes les époques, sont des
choses connues et que vous seul pouviez oser ca-
lomnier.

Votre comparaison du pauvre avec le riche est donc
banale et sans portée. La conséquence que vous en
tirez retombe entièrement sur vous et elle ne vous
laisse que la honte d'une mauvaise pensée. Si le pauvre ne doit pas insulter le riche, il est évident que
ce dernier n'est pas affranchi de tout respect envers
lui. Le riche a un devoir de plus au point de vue du
sentiment chrétien ; c'est d'aider son prochain quand
il souffre et de *partager* avec lui, dans le sens des
Écritures. Le riche doit rendre en bonté, en bienveil-
lance, en protection, en charité ce qu'il a de plus en

fortune : ainsi le déclarent tous les moralistes de notre loi religieuse. Et si le riche aux 99/100 de plus que le pauvre, jouit des avantages matériels immenses qui y sont attachés, c'est à la condition d'être 99 fois meilleur que le déshérité. Vous a-t-on jamais demandé cela? — Et si vous avez intérêt et droit pour surveiller vos 99/100, est-ce pour que cet intérêt absorbe et écrase le *chétif centième* dont vous parlez avec tant de superbe ?... — Votre pensée comme votre langage ne sont donc que déplorables ; il n'exciteront que la pitié de l'homme de sens, de l'homme juste, moral, chrétien. — Assez sur ce point.

Il vous fallait, Monsieur, tirer une conséquence de vos prémices perfidement fausses. Pour faire un certain effet auprès de l'autorité, il vous fallait arriver à faire supposer et à dire qu'il n'y avait qu'un avocat, aux passions échevelées, aux instincts non moins farouches et sauvages que ceux des hommes de 1848, qui pouvait prêter son concours aux pillards des Saintes-Maries et les aider dans la violation *des lois fondamentales de la société !!*

Vous avez voulu frapper fort.. Il fallait frapper juste. Vous comprendrez que ma personnalité est trop connue pour avoir besoin de se défendre contre vos odieuses insinuations. On sait, dans Arles comme ailleurs, que, dans nos plus mauvais jours, l'ordre public, *les lois fondamentales de la société* n'ont pas rencontré de plus dévoué soutien. La famille, la religion, *la propriété* ont toujours été inscrites sur notre drapeau.

Vous ne deviez pas seulement m'attaquer sous le

rapport de l'honnêteté , de la moralité et de l'ortho-
doxie sociale de mes principes, mais vous avez encore
essayé d'offenser mon amour-propre en me séparant
de *l'élite* du barreau de Tarascon. Votre tactique n'est
pas seulement malheureuse, elle est profondément
mesquine. Je n'ai jamais , sachez-le bien et malgré
les éloges publics que vous vous êtes plu à me prodi-
guer, sans que j'y tinsse beaucoup, cherché à dominer
mes confrères ou à être le premier parmi mes égaux.
Dans mon humble sphère, je n'envie personne , j'ap-
plaudis aux talents supérieurs, de quelque côté qu'ils
viennent ; je lutte dans la mesure de mes forces, et
j'ai lieu de croire que tous mes honorables confrères,
sans me cacher derrière le rideau d'une fausse modes-
tie , — sont aussi fiers de me compter dans leurs
rangs que je suis fier moi-même de leur appartenir.
— Le poison que vous avez voulu verser n'aura fait
tache que sur vos doigts , et croyez que l'élite de mes
confrères n'avait pas besoin de vos efforts pour la
soutenir à la hauteur où elle se trouve placée par l'o-
pinion publique.

Vous avez voulu être méchant, Monsieur ; vous
n'avez été qu'autre chose... Votre coup a manqué de ce
côté comme de bien d'autres... Mais vous ne pouviez
en rester avec votre courte honte. Vous avez essayé de
ressaisir une partie de vos avantages en déposant contre moi, au Parquet de Tarascon , une plainte en
diffamation. Vous avez été plus loin , en excitant la
famille Rurange , à en faire autant. Je sais la résistance que vous avez rencontrée et comment on l'a
vaincue... Il vous fallait un secours , un appui,

un cortége dans votre poursuite. — Vous servira-t-il beaucoup ? J'en doute. Je ne rappelle ces détails que pour mieux faire juger votre aveuglement et vos fureurs : *quos vult perdere Jupiter dementat...*

Il ne me manquait plus que d'être crapuleusement insulté le 11 de ce mois ! Je n'envie à personne de tels moyens ; mais ils servent mal les causes déjà compromises !...

Poursuivez, poursuivez, Monsieur le liquidateur ! Vous n'empêcherez jamais une conscience honnête, indépendante, de proclamer les *vérités nécessaires !*

Avant le 3 mai, je n'avais aucune raison personnelle de vous en vouloir.— Depuis le 26 juin, quoiqu'insulté par vous, je ne vous en veux pas davantage. Je vous pardonne, parce que je suis convaincu que vous ne savez plus ce que vous faites. Je ne vous infligerai qu'une punition toute chrétienne en vous promettant, quoi que vous ayez dit et quoi que vous disiez encore de ne jamais vous poursuivre en police correctionnelle ! Je n'ai pas oublié la loi de la chute des corps...

Si je n'ai aucune raison personnelle de vous en vouloir, — si j'ai plutôt à me louer personnellement de vous à raison, de la réception plus qu'hospitalière que vous m'avez faite après votre affaire contre mon client, Plauchut-de-la-Cassaigne, quel mobile devez-vous donc me supposer ? Vous en avez articulé de malhonnêtes, de faux, d'indignes et auxquels vous ne croyez pas vous-même, je le dis par respect pour vous...— Quelle sera donc, pour tout homme calme, indépendant et juste, la cause de ma conduite ? Votre conscience la sent, votre intelligence la voit, mais votre passion la repousse : *auri sacra fames !...*

Je n'ai pas, croyez-le, accepté avec joie, la mission de lutter contre vous. J'ai vu votre conduite écrite sur les lieux, écrite dans des actes publics ; il m'a semblé voir la violation de tous les droits, le mépris de la propriété d'autrui élevés à la dernière puissance ; je me suis inspiré non des souffrances et de l'indignation publique, mais de la vérité de tous les faits consommés par la liquidation ; j'ai entendu des plaintes aux Saintes-Maries comme à Arles, de la bouche non seulement d'hommes d'élite connaissant les lieux et les choses *mieux que vous*, mais d'hommes même tenant à des fonctions publiques ; plaintes sérieuses et profondes partout ! le courage d'agir nulle part !!...

J'ai compris, à ce moment, la grandeur et la sainteté, permettez-moi de vous le dire, de ma fonction ! j'ai vu un devoir, un devoir pénible à remplir, et je m'y suis dévoué. Qui, autre que vous, pourrait m'en blâmer ?...

Et, devant un devoir, je ne recule jamais !

Faites le vôtre, Monsieur ; et, vous défendant loyalement, ayez le courage de ne pas appeler à votre secours le bras séculier pour vous couvrir !...

Arles-sur-Rhône, 21 juillet 1860.

Frédéric BILLOT, *Avocat.*